GRÜNE FONDS UND ETF

Olaf Wittrock

Stiftung Warentest
Finanztest

Gute Renditen mit gutem Gewissen 34

Grüne Fonds und ETF boomen. Kein Wunder: Viele waren zuletzt genauso renditestark wie ihre herkömmlichen Pendants. Wer will da auf Nachhaltigkeit verzichten?

60 Kontrolle ist besser als blindes Vertrauen

Welche Fonds und ETF sind überhaupt grün? Auf Versprechen der Industrie ist kein Verlass. Deshalb schauen wir genau hin und bewerten ihre Nachhaltigkeit.

Grüne Fonds oder ETF: Was passt für mich? 81

Das kommt auf Ihre Wünsche an. Wer etwa eine streng nachhaltige Anlage sucht, kauft besser aktiv gemanagte Fonds. Wer nicht so viel Zeit investieren möchte, ETF.

Inhalt

4 Die optimale grüne Geldanlage

5 Wie Sie dieses Buch mit Gewinn lesen

7 Wie die Geldanlage grün wurde

17 Kleiner Grundkurs: Was waren noch mal Fonds?

20 Kostet Nachhaltigkeit Rendite?

25 Wie die Fondsanbieter sich positionieren

29 Grüne Fondskonzepte im Vergleich

30 So macht man Fonds nachhaltig

34 Vor der Anlage: Was raus- und was reinkommt

41 Themenfonds: Nachhaltigkeit als Anlageziel

45 Vertrauen ist gut, Rating ist besser

46 Es ist nicht alles grün, was glänzt

51 Nachhaltigkeit à la Finanztest

59 Das Rating für grüne Rentenfonds

64 Nachhaltige Anlagestrategien mit Fonds

65 Vom Dreieck zum Viereck

68 Nachhaltigkeit für Faule: Das Pantoffel-Portfolio

73 Stabile nachhaltige Aktienfonds

76 Portfoliostrategie 2.0

81 Die besten Fonds und ETF im Porträt

82 Die Königsfrage: ETF oder Fonds?

91 Nachhaltige Aktienfonds Welt

104 Nachhaltige Welt-ETF

110 Nachhaltige Rentenfonds

115 Die besten Beimischungen im Porträt

116 Aktienfonds und -ETF Europa

123 Aktienfonds und -ETF Schwellenländer

125 Weitere nachhaltige Fondsarten

130 Wo kaufe ich nachhaltige Fonds?

131 Der passende Broker

138 Nachhaltige Banken im Test

141 Achtung: Giftgrün!

143 Service

144 Nachhaltige Aktienfonds

150 Nachhaltige Rentenfonds

154 Fachbegriffe erklärt

157 Stichwortverzeichnis

160 Impressum

01

Die optimale grüne Geldanlage

5 → Wie Sie dieses Buch mit Gewinn lesen

7 → Wie die Geldanlage grün wurde

17 → Kleiner Grundkurs: Was waren noch mal Fonds?

20 → Kostet Nachhaltigkeit Rendite?

25 → Wie die Fondsanbieter sich positionieren

Wie Sie dieses Buch mit Gewinn lesen

Nachhaltige Fonds und ETF gibt es jeden Tag mehr. Aber wie finde ich Produkte, die meinen Ansprüchen genügen? Rechnen sich grüne Fonds überhaupt? Und wo kaufe ich günstig? Antworten liefert dieses Buch.

Nachhaltig Geld anlegen, das kann ja nicht so schwer sein. Das jedenfalls könnte man denken mit Blick auf das überbordende Angebot an Fonds und ETF, die inzwischen mit grüner und sozialer Strategie werben oder mit Wunderkürzeln wie „ESG", „SRI" oder „Artikel 8". Doch was genau verbirgt sich dahinter, was ist Wortgeklingel, wem kann ich trauen und wer will sich bloß augenscheinlich reinwaschen?

Dieses Buch gibt Antworten auf solche Fragen. Mehr noch: Wir geben ganz konkrete Tipps für eine nachhaltige Geldanlage, die ihren Namen verdient und die – was in diesem Markt, wie wir bald sehen werden, noch viel wichtiger ist – Ihren Ansprüchen als Anlegerin und Anleger genügt. Im Zentrum der Analyse stehen dabei nachhaltige Investmentfonds. Denn diese Anlagekategorie ist die beliebteste und vielfältigste bei der Suche nach dem passenden Produkt für die grüne Geldanlage.

Wir haben es uns zur Aufgabe gemacht, Transparenz in den wachsenden Markt zu bringen – und wer Finanztest kennt, weiß: Das Herzstück unserer Analyse sind unsere eigenen Vergleiche. Denn wir verlassen uns nicht auf die Daten der Anbieter allein und bleiben skeptisch bei den vielen sogenannten Nachhaltigkeitsratings, die sich auf dem Markt tummeln, deren Methoden nicht immer transparent sind und deren Strenge uns nicht immer ausreicht. Deshalb haben wir eigene Nachhaltigkeitsratings für Aktien- und Rentenfonds erstellt, die ein differenziertes und unbestechliches Urteil erlauben. Wie wir dabei vorgegangen sind, erklären wir in Kapitel 3.

In einem ausführlichen Produktteil beschreiben wir die nachhaltigsten aktiven Aktien- und Rentenfonds im Testfeld. Wir klären außerdem, was ETF und aktive Fonds unterscheidet und wie gut ETF in Sachen Nachhaltigkeit funktionieren – vorweg: ETF haben zahlreiche Vorteile gegenüber aktiven Fonds, aber in puncto Nachhaltigkeit schneiden sie nur mäßig ab. Fünf weitere grundsätzliche Erkenntnisse über Fonds und Nachhaltigkeit können Sie aus diesem Buch mitnehmen:

An der Spitze wird es dünn Jeder zweite Fonds nennt sich inzwischen nachhaltig. Die meisten davon liefern aber allenfalls ein mittelstrenges Niveau in Bezug auf Umweltaspekte, soziale Themen und eine nachhaltige Unternehmensführung. Fonds auf Top-Niveau sind selten. Unsere Favoriten finden Sie hier im Buch.

ETF sind oben raus Die nachhaltigsten Fonds in unserer Analyse sind allesamt Produkte mit einem aktiven Management, das seine eigene Mission verfolgt. ETF, also passive Indexfonds, schaffen allenfalls ein mittelhohes Niveau an Nachhaltigkeit. Der Grund: Bei der Auswahl der Titel gehen sie weit weniger streng vor als besonders nachhaltige aktiv verwaltete Fonds, die viel mehr Titel aussortieren.

Grüne Pantoffeln sind bequem Allen, die es sich bei der Geldanlage leicht machen wollen, empfehlen wir unser ruckzuck aufgebautes Pantoffel-Portfolio. Die gute Nachricht: Diese so simple wie erfolgreiche Anlagestrategie funktioniert mit nachhaltigen Fonds genauso gut wie mit herkömmlichen.

Die meisten Fonds gibt's überall Wenn Sie einen nachhaltigen Fonds kaufen wollen, müssen Sie dafür Ihre Bank oder den Broker in der Regel nicht wechseln. Aktiv gemanagte Fonds bekommen Sie direkt beim Berater oder im Fondsshop, ETF kaufen Sie über die Bank an der Börse. Sie können auch Sparpläne auf nachhaltige Fonds einrichten.

Manche Banken sind besonders streng Wer in Fonds anlegen will, braucht ein Depot – und nimmt damit eine Geschäftsbeziehung zu einer Bank auf, die womöglich auch nicht-grüne Geschäfte finanziert. Wollen Sie auch das vermeiden, wählen Sie für das Depot am besten eine nachhaltige Bank. Die betreiben durchweg grüne Geschäfte, haben allerdings ihren Preis.

Nach dieser kompakten Vorschau auf einige der Kernbotschaften aus diesem Buch, starten wir mit einem Blick in den Rückspiegel. Wir schauen, wie die Nachhaltigkeitsbewegung in Gang gekommen ist. Und wo wir heute stehen.

Wie die Geldanlage grün wurde

Immer mehr Menschen wollen, dass Geld nicht nur Rendite abwirft, sondern auch ökologischen und sozialen Zwecken dient. Zugleich zieht der Gesetzgeber die Schrauben zur nachhaltigen Kapitalanlage an. Ein Blick in die Geschichte der grünen Regulierung.

Wer hätte das gedacht: Ausgerechnet ein afrikanisches Land macht als Erstes in der Welt Ernst mit dem Verbrenner-Aus. Ab 2025 lässt Äthiopien keine Autos mit Benzin- oder Diesel-Motoren mehr ins Land. Infolge des bisher einzigartigen Importverbots will man auch weniger abhängig werden von den fossilen Kraftstoffen. Und weil Äthiopien keine eigene Autoindustrie hat, bedeutet die Importkontrolle de facto eine Pflicht zum Umstieg auf Elektroautos. Auch in der Europäischen Union hat der Verbrenner-Pkw keine Zukunft. Das EU-Parlament einigte sich nach langen Verhandlungen im Jahr 2023 darauf, dass ab dem Jahr 2035 nur noch Neuwagen verkauft werden dürfen, die keine Treibhausgase ausstoßen. Bis zum Jahr 2030 sollen die Neuzulassungen als Zwischenziel halbiert werden.

Anders als in Äthiopien, wo „bloß" 1,2 Millionen Autos rumfahren (in Deutschland etwa kommen jedes Jahr fast 3 Millionen Neuwagen dazu), ist das baldige Aus in Europa ein Meilenstein für den Umweltschutz – und zugleich eine extreme Herausforderung für eine der wichtigsten Industrien in Deutschland. Denn die muss sich innerhalb von zehn Jahren von ihrer angestammten Technik verabschieden und den Umbau zur Elektromobilität vollenden. Transformation heißt das Schlagwort. Und es trifft nicht nur die deutschen Autobauer ins Mark. Es gibt so gut wie keine Branche, die nicht gefordert wäre, ihren Beitrag zu leisten zu einer nachhaltigeren wirtschaftlichen Zukunft, einem grünen Geschäftsmodell, einem klimaneutralen Kurs, einer ökologischen Ökonomie.

Dieser Umbau kostet Geld. Und es braucht privates Kapital, um die nötigen Investitionen stemmen zu können. Allein für Deutschland berechnete die Unternehmensberatung McKinsey in einer Studie den

Investitionsbedarf kürzlich auf 240 Milliarden Euro jährlich, damit die hiesige Wirtschaft bis zum Jahr 2045 klimaneutral werden kann. Das bedeutet in der Summe Umbaukosten von gewaltigen 6 Billionen Euro. Etwa eine Billion davon lässt sich nach Schätzungen der Berater nicht umschichten, weil ja zugleich klimaschädliche Investitionen anderswo wegfallen – sondern muss zusätzlich in die grüne Transformation fließen.

ESG: Ein Kürzel wird 20

Für grüne Geldanleger ist es deshalb eine frohe Botschaft, wenn sich Staats- und Regierungschefs weltweit ehrgeizige Klimaziele setzen. Denn der wichtigste Hebel für den dazu nötigen Umbau der Realwirtschaft liegt in der Finanzwirtschaft. Anders gesagt: Es ist das Geld von Investoren, das diese Transformation maßgeblich vorantreiben wird. Und weil an Börsen nun einmal Zukunft gehandelt wird, ist es auch nicht verwunderlich, dass parallel zum Aufwachen der Staaten in Sachen Klimaschutz auch die nachhaltige Geldanlage in den vergangenen Jahren einen rasanten Aufschwung erlebt hat.

Dabei ist nachhaltige Geldanlage eine recht junge Erfindung. Erst vor 20 Jahren tauchte zum ersten Mal die Abkürzung ESG auf, mit der erstmals eine breitere Idee davon entstand, wie sozial verantwortliche Geldanlage aussehen könnte. Unter dem Slogan „Wer sich kümmert, gewinnt" legte im Jahr 2004 eine Arbeitsgruppe von 20 Banken und Finanzdienstleistern auf Anregung der Vereinten Nationen Vorschläge zur „besseren Einbeziehung von Umwelt-, Sozial- und Governance-Fragen in die Analyse, Vermögensverwaltung und Wertpapiervermittlung" vor – auf Englisch „environmental, social and governance issues", kurz ESG.

WARUM ÜBERHAUPT NACHHALTIG? Im Jahr 1972 veröffentlichte der Club of Rome seinen berühmten Bericht über die Grenzen des Wachstums. 1987 folgte der Brundtland-Bericht „Unsere gemeinsame Zukunft" der Weltkommission für Umwelt und Entwicklung der Vereinten Nationen. Darin findet sich erstmals das Leitbild einer nachhaltigen Entwicklung und folgende Definition: Nachhaltig handeln bedeutet, dass „die Bedürfnisse der Gegenwart befriedigt werden, ohne die Möglichkeiten künftiger Generationen zur Befriedigung ihrer eigenen Bedürfnisse zu beeinträchtigen".

Die wichtigsten ESG-Kriterien

Wenn in der Finanzindustrie von Nachhaltigkeit die Rede ist, fällt meist die Abkürzung ESG. Das Kürzel steht für die englischen Wörter für Umwelt, Soziales und Unternehmensführung. Darunter fallen unter anderem folgende Kriterien:

E

Environmental

Umwelt
Klima

S

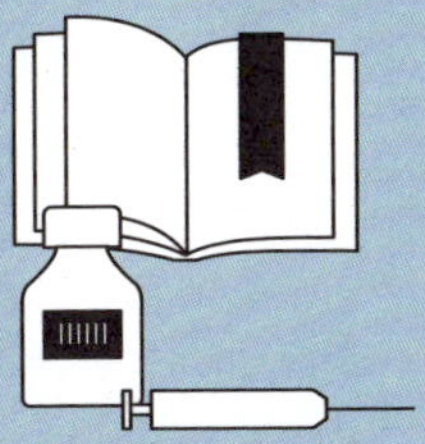

Social

Bildung
Geschlechtergleicheit
Gesundheit & Ernährung
Menschen- & Arbeitsrechte
Sozialer Wohlstand

G

Governance

Demokratie
Entwicklung
Korruption & Geldwäsche
Waffen & Konflikte

Ein Jahr vor Geburt des berühmten Kürzels ESG, also im Jahr 2003, hatten sich das Umweltprogramm der Vereinten Nationen und weltweite Banken und Versicherungen zu einer Finanzinitiative zusammengetan, die Finanzindustrie hatte sich dabei auf gemeinsame Umweltziele verpflichtet. Diese Initiative lieferte dann im Jahr 2005 eine weitere ausführliche ESG-Analyse, heute als Freshfield-Report bekannt. Sie befasste sich mit der Frage, wie es eigentlich um die rechtlichen Rahmenbedingungen in Sachen ESG-Investments bestellt wäre. Aus heutiger Sicht ist das ein äußerst spannendes Dokument der Zeitgeschichte, denn tatsächlich geht es in dem Report um eine Frage, die so heute niemand mehr stellen würde – die zugleich aber für die nachhaltige Geldanlage weiterhin von immenser Bedeutung ist. Es ging damals darum, ob Fondsgesellschaften überhaupt nach nachhaltigen ESG-Kriterien anlegen dürfen, wenn sie doch zugleich als Treuhänder fremdes Geld so zu verwalten haben, dass es die höchste Rendite einbringt. Die kurze Antwort lautete: Sie dürfen. Und damit war der Grundstein gelegt für den Aufstieg der ESG-Investments vom Nischenmarkt zum neuen Standard.

So waren im Jahr 2022 – und das trotz einiger wirtschaftlicher und regulatorischer Widrigkeiten – rund 30 Billionen US-Dollar weltweit nach ESG-Kriterien angelegt, wie Daten der Global Sustainable Investment Alliance zeigen. Bis zum Jahr 2030 könnte der Markt sogar auf über 40 Billionen US-Dollar anwachsen, schätzt die Finanznachrichtenagentur Bloomberg. Denn: 85 Prozent der Investoren wollen ihr ESG-Engagement weiter ausbauen. Im Vorreiterkontinent Europa dürften im Jahr 2023 damit rund 45 Prozent des gesamten Anlagekapitals nachhaltig angelegt gewesen sein. Das Interesse an Nachhaltigkeit steigt also weiter.

Die Welt wird immer grüner. Oder doch nicht?

Damit vom kurzen Blick in die Vergangenheit hinein in die immer noch höchst dynamische Gegenwart der grünen Geldanlage im Allgemeinen – und der Anlage in grüne Fonds und ETF im Speziellen. Denn um die geht es nicht nur in diesem Buch, sondern genau darum dreht sich auch ein großer Teil der aktuellen Debatten, Regulierungsvorhaben und Anlagekonzepte, wie wir im Folgenden noch sehen werden. Zunächst aber ist festzuhalten: 20 Jahre nach Einführung des Kürzels ESG in die Geldanlage ist keineswegs klar, was nun eigentlich genau dahintersteckt, was also Nachhaltigkeit konkret zu bedeuten hat. Im Gegenteil: Nachhaltigkeit spielt gerade auch für die private Geldanlage eine immer größere Rolle – doch werden die damit verbundenen Anlageentscheidungen leider nicht leichter, sondern immer schwieriger, sprich komplexer.

Ein Grund dafür ist die immer größere Auswahl. Das Angebot an Fonds, die sich grün, nachhaltig oder ökologisch nennen, ist in den vergangenen Jahren massiv gestiegen. So beziffert der Verband der deutschen Fondsindustrie BVI die Zahl der Publikumsfonds mit Nachhaltigkeitsmerkmalen in Deutschland für das Ende des Jahres 2023 mit über 6 000. Diese Fonds verwalteten insgesamt 697 Milliarden Euro – und damit über 50 Prozent des gesamten Publikumsfondsvermögens.

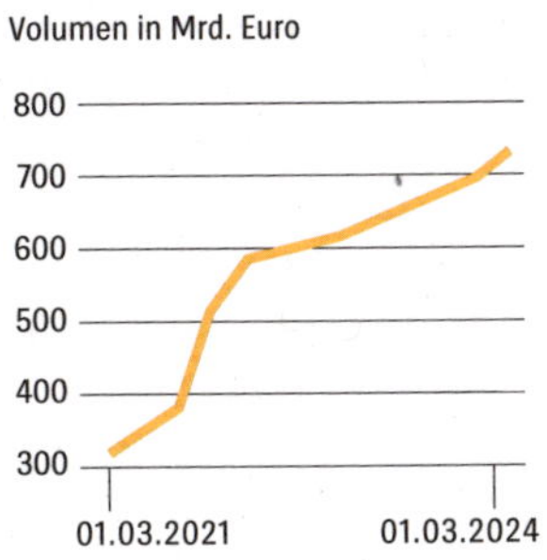

VERDOPPLUNG IN ZWEI JAHREN Im März 2021 trat die sogenannte EU-Offenlegungsverordnung, englisch Sustainable Finance Disclosure Regulation (SFDR), in Kraft, seither müssen Fondsgesellschaften unter anderem in Prospekten Auskunft geben, wie nachhaltig ihre Angebote sind. Das Volumen der Fonds „mit Nachhaltigkeitsmerkmalen" ist darauf massiv angestiegen, so der BVI.

Die Zahlen sind mit einiger Vorsicht zu genießen. Denn erstens fußt der vermeintlich immens starke Zulauf zu den Produkten teilweise auf Umklassifizierungen bestehender Produkte. Anders gesagt: Die Anbieter verkaufen nicht immer mehr grüne Fonds, sondern immer mehr Fonds als „grün". Zweitens bezeichnet der BVI all jene Fonds als nachhaltig, die dem Artikel 8 oder Artikel 9 der aktuellen Fassung der EU-Offenlegungsverordnung entsprechen. Die Artikel prangen inzwischen auch auf allerlei Werbeprospekten oder werden siegelgleich genutzt, um Fonds als besonders nachhaltig zu adeln.

Deshalb lohnt ein genauerer Blick in die Verordnung, denn tatsächlich hat das vermeintliche Nachhaltigkeitsversprechen oft nicht allzu viel zu bedeuten.

Artikel 6, 8, 9: (K)eine Frage der Nachhaltigkeit

Grob gesagt gelten als „Artikel-8-Fonds" sämtliche Fonds, die in irgendeiner Form Nachhaltigkeit in ihrer Strategie berücksichtigen, lediglich die sogenannten Artikel-9-Fonds aber zielen darauf, aktiv zu Nachhaltigkeitszielen beizutragen. Konventionelle Fonds, für die weder das eine noch das andere Kriterium gilt, werden übrigens als Artikel-6-Fonds klassifiziert.

Das klingt nicht nur recht technisch, sondern ist es auch. Zunächst einmal haben die Anbieter nämlich großes Interesse daran, möglichst viele Produkte nach Artikel 8 einzustufen. Das liegt daran, dass sich Artikel-6-Fonds immer schwerer verkaufen lassen, zumal die Fondsverkäufer seit August 2022 verpflichtet sind, alle Kunden konkret danach zu fragen, ob und wie nachhaltig sie anlegen wollen. Auch deshalb haben Anbieter ihre Fondspaletten zuletzt immer stärker nach Artikel 8 eingestuft. Etwa zwei Drittel aller in Deutschland verkäuflichen Fonds und ETF sind inzwischen nach Artikel 8 eingestuft. Den wesentlich strengeren Artikel 9 erfüllten dagegen nach Angaben des Forums Nachhaltige Geldanlagen (FNG) Ende 2022 gerade mal 3 Prozent der nachhaltigen Publikumsfonds. Das FNG ist ein im Jahr 2001 gegründeter Fachverband, in dem rund 200 Banken, Fondsgesellschaften, Versicherungen und andere Finanzdienstleister organisiert sind. Ziel ist unter anderem, mehr Transparenz im Markt zu schaffen.

Was aber bedeutet nun Strenge im Zusammenhang mit Nachhaltigkeit? Und sind die eben genannten Artikel-9-Fonds zwingend nachhaltiger als Fonds nach Artikel 8? Selbst das ist zu einfach formuliert. Denn die besagten Artikel stammen ja nicht aus einem Gesetz, das zu mehr Nachhaltigkeit verpflichtet, sondern lediglich zu mehr Offenlegung, also Transparenz.

Die drei genannten Artikel fordern Fondsanbieter also dazu auf, unterschiedlich genau auf die Nachhaltigkeit einzugehen. Bei Artikel 6 ist lediglich gefordert, die Auswirkung möglicher Nachhaltigkeitsrisiken auf die Rendite zu beschreiben. Artikel 8 fordert Angaben über ökologische und soziale Merkmale des Fonds. Artikel 9 fordert zusätzlich Auskunft über konkret nachhaltige Investitionen und ihre Wirkung.

WOHER BEKOMMEN FONDS IHRE INFOS? Damit Fondsanbieter ihre Auflagen zur Offenlegung in Sachen Nachhaltigkeit erfüllen können, brauchen sie verlässliche Daten der Unternehmen, in die sie investieren. Daher hat die EU eine Corporate Sustainability Reporting Directive (CSRD) erlassen, zu Deutsch eine Richtlinie zur Nachhaltigkeitsberichterstattung von Unternehmen. Große Unternehmen in der EU müssen nun genau erklären, welche Auswirkungen ihr Geschäft auf die Umwelt hat, wie sozial sie sich verhalten und was sie tun, um Korruption und anderes Fehlverhalten zu verhindern.

Weil man indes nur über Dinge berichten kann, die auch im Fonds passieren, gelten Artkel-8-Fonds per se als nachhaltig. Den Artikel-9-Fonds wird oft zusätzlich eine besonders nachhaltige Wirkung unterstellt, ein sogenannter Impact. Tatsächlich ist die reine Klassifizierung eines Fonds aber kein hinreichendes Indiz für die Strenge, mit der der Anbieter sich nachhaltigen Zielen widmet. Dazu ist die Einteilung zu grob und zudem immer wieder Änderungen unterworfen. So passiert es nicht zuletzt immer wieder mal, dass Fonds umklassifiziert werden, ohne dass sich an der Anlagestrategie etwas ändert. Die Einteilung der Offenlegungsverordnung allein verrät also nicht, ob ein Fonds besonders strenge Nachhaltigkeitskriterien beachtet. Das zeigt sich auch in der detaillierten Fondsanalyse von Finanztest: Unter den Testsiegern finden sich sowohl Artikel-8- als auch Artikel-9-Fonds. Umgekehrt erreichen längst nicht alle Artikel-9-Fonds die Bestnote (siehe Kapitel 3 und 6).

Verwirrung komplett: Wie nachhaltig darf's sein?

Nachhaltigkeitspräferenzabfragepflicht – was für ein Wortungetüm. Und genauso sperrig, wie es klingt, hat die EU auch die zwingende Abfrage der Kundenwünsche in Sachen Nachhaltigkeit gestaltet. Selbst wenn man es für eine grundsätzlich kluge Idee hält, Anlegerinnen und Anleger nach ihren Vorlieben bei der Geldanlage zu befragen, erscheint der Stand der Dinge bei der Abfrage doch ziemlich kompliziert – und die Frage ist, ob danach tatsächlich alle eine sehr viel genauere Vorstellung davon haben, welche Fonds oder ETF sie nun brauchen.

In jedem Fall ist es gut zu wissen, was die Fondsverkäufer eigentlich von Ihnen erfragen müssen, wenn es im Beratungsgespräch an die Präferenzabfrage geht. Lautet die Antwort auf die Eingangsfrage, ob Nachhaltigkeit grundsätzlich von Interesse ist, „Ja", dann folgen nämlich gleich drei Folgeblöcke dazu, nach welchen drei Kategorien das Geld denn nun konkret nachhaltig angelegt werden soll. Anders gesagt: Es geht ums sogenannte Ambitionsniveau.

Kategorie 1: SFDR Das Kürzel haben wir eben schon kennengelernt, es steht für die EU-Offenlegungsverordnung. Konkret hat der Berater hier zu erfragen, welcher Anteil des Geldes mindestens nachhaltig angelegt werden soll. Das bezieht sich sowohl auf soziale und ökologische Merkmale der Fonds als auch auf konkrete Nachhaltigkeitsziele.

Kategorie 2: Taxonomie-Verordnung Was ist das nun wieder? Hinter diesem Begriff steckt ein Rahmenwerk, mit dem die EU nachhaltige

Wirtschaftsaktivitäten klassifizieren will. Als ökologisch nachhaltig gelten in der EU-Taxonomie Unternehmen, die sich mit sechs großen Zielen befassen, indem sie etwas für den (1) Klimaschutz oder die (2) Anpassung an den Klimawandel tun, (3) Wasser nachhaltig nutzen, sich für (4) Kreislaufwirtschaft engagieren, (5) Umweltverschmutzung vermeiden oder sich dem (6) Schutz der Ökosysteme und der Biodiversität verschrieben haben. Zusätzlich müssen die Unternehmen gewisse Mindeststandards erfüllen, etwa in Sachen Menschenrechte, und dürfen mit ihren Geschäften niemandem ernsthaft schaden. Es geht also bei der sogenannten taxonomiekonformen Geldanlage kurz gesagt um ökologische Geldanlage. Und erneut wird der Berater jetzt fragen (müssen): Wie viel Prozent sollen mindestens im Sinne dieser Verordnung angelegt werden? Am Rande seien noch zwei Leerstellen erwähnt: Erstens funktioniert die Taxonomie momentan nur bei Aktien richtig gut, dagegen versagt das Gerüst beispielsweise schon bei der Einstufung von Staatsanleihen. Zweitens hat die Debatte um eine Sozialtaxonomie, die Nachhaltigkeit über den Umweltschutz hinaus versteht, bisher keine großen Früchte getragen.

Kategorie 3: Principal Adverse Impacts (PAI) Während es in den ersten beiden Kategorien eher darum ging, mit seinem Geld nachhaltige Ziele zu unterstützen, geht es in der dritten Abfragerunde nun noch darum, zu verhindern, dass es bei der Anlage zu negativen Auswirkungen auf Umwelt und Gesellschaft kommt. Um das zu verhindern, schreibt die EU in ihrer Offenlegungsverordnung auch vor, dass die Fonds relevante nachteilige Auswirkungen ihrer Investitionsentscheidungen auf Nachhaltigkeitsfaktoren benennen müssen: eben jene PAI. Davon gibt es gleich 64 Stück aus den ESG-Kategorien Umwelt, Soziales und gute Unternehmensführung. Die PAI sind also eine Negativliste, die verhindern soll, dass sich die eigene Geldanlage als schädlich erweist.

WORUM GEHT'S DA GENAU? Zu 18 dieser PAI müssen die Anbieter auf jeden Fall Angaben machen, zu weiteren 46 Kriterien können sie sich freiwillig äußern. Zu den Pflichtfaktoren zählen unter anderem der eigene CO_2-Fußabdruck sowie die Treibhausgasemissionen in der Lieferkette, die Energieintensität des eigenen Geschäfts, der Anteil gefährlicher und radioaktiver Abfälle sowie mögliche Auswirkungen der Produktion auf die Wasserqualität.

Dabei geht es übrigens nicht nur um Aktien. Vielmehr befassen sich je zwei der 18 Pflichtfaktoren explizit mit der Anlage in Staatsanleihen oder Anleihen staatlicher Unternehmen sowie in Immobilien. Auch hier geht es jeweils um klimaschädliche Emissionen und mögliche Verstöße gegen soziale Standards. Legt ein Fonds mit seinen Anlagezielen also zum Beispiel hohe Umweltstandards an, ignoriert aber, ob Unternehmen auch bestimmte Rechte von Angestellten wahren, dann würde dies spätestens bei der PAI-Prüfung auffallen und wäre damit definitiv ein Thema im Verkaufsgespräch.

Wege aus der Beratungsbürokratie

Der kleine Ausflug in die derzeit gültigen Regeln zur Finanzberatung zeigt es schon: Die Sache ist verdammt kompliziert. Es dürfte den meisten anlagewilligen Privatmenschen daher schwerfallen, den komplizierten Abfragemechanismus von Taxonomie bis PAI nachzuvollziehen und am Ende wirklich zu wissen, was sie genau brauchen. Das ist inzwischen ein in der Szene weitverbreitetes Urteil, dem kaum jemand widersprechen würde. Denn bei aller Präzision und dem offensichtlichen Wunsch der Europäischen Union, bloß keine Dimension von Nachhaltigkeit zu übersehen, ist eben auch ein hoch bürokratisches Abfrageverfahren entstanden, das zu durchblicken den Beteiligten nicht nur schwerfällt, sondern oft genug die Freude nimmt, sich mit dem Thema inhaltlich zu befassen.

Kurz gesagt: Wer keine seitenlangen Präferenzabfragen über sich ergehen lassen will, der kann zu Beginn einer Beratung auch sagen, dass ihn das Thema nicht interessiert – selbst wenn das definitiv nicht so ist. Denn so lässt sich das gesetzlich verankerte und teilweise doch recht bürokratische Vorgehen deutlich abkürzen, und es bleibt womöglich mehr Zeit für die substanzielle Beratung.

Auch der Sustainable-Finance-Beirat der Bundesregierung, ein breit mit Fachleuten und Praktikern besetztes Beratungsgremium, kritisiert den Stand der Nachhaltigkeitsberatung inzwischen sehr offensiv als „komplex" und „wenig nutzerfreundlich". Anfang 2024 hat das Gremium, in dem Unternehmen wie Siemens, Fondsmanager wie Blackrock und Nichtregierungsorganisationen wie der WWF vertreten sind, einen Vorschlag vorgelegt, um die Beratung zu vereinfachen und zugleich verständlicher zu machen. Statt der Drei-Kategorien-Abfrage plädiert der Beirat dafür, eine „ESG-Skala" für Finanzprodukte einzuführen.

Die grundsätzliche Idee dieser Skala ist, alle geforderten Informationen aus den diversen EU-Regelwerken zusammenzufassen und jedes Produkt anhand seiner Nachhaltigkeitseigenschaften der Stufe A bis F jener ESG-Skala zuzuordnen. Dabei steht die Stufe A für Finanzprodukte wie Investmentfonds mit einer besonders hohen Quote an nachhaltigen Investitionen, B für „mittlere Quoten" – außerdem sind in beiden Kategorien die PAI zu berücksichtigen. In Stufe C wäre dann nur noch eine „niedrige Quote an ökologisch nachhaltigen Investitionen" gefordert, auf Beachtung aller PAI-Kriterien würde dagegen ganz verzichtet. C-Fonds wären dann sozusagen reine Öko-Fonds ohne soziale Ausrichtung. In Stufe D ginge es dann lediglich darum, die „wichtigsten nachteiligen Auswirkungen auf Nachhaltigkeitsfaktoren" zu berücksichtigen. E stünde für Fonds, die zwar nachhaltige Transparenz geloben, es aber nicht in den Artikel 8 schaffen. Produkte der Stufe F berücksichtigen aktiv schließlich gar keine Nachhaltigkeitskriterien.

Das sei der geeignete Werkzeugkasten, um mehr „privates Kapital für die Transformationsfinanzierung zu mobilisieren", heißt es vom Beirat. Mit anderen Worten: Man hofft, mithilfe dieser vergleichsweise einfachen und verständlichen Skala mehr Menschen als bisher für nachhaltige Fonds zu begeistern und die Beratungsbürokratie abzubauen. Der Beirat schlägt vor, die Skala EU-weit einzuführen.

Wichtige Ergänzung: Die Einstufung soll, so der feste Vorsatz der Erfinder, bloß nicht in Konkurrenz zu den Labeln privater Anbieter stehen. Nachdem die Fondsgesellschaften sich allerdings schon die Kategorien Artikel 8 und 9 eifrig zunutze gemacht haben, um damit vermeintlich vorbildliche Produkte zu markieren und bewerben, ist durchaus fraglich, ob es sich verhindern ließe, dass ein „A" auf einer EU-weiten ESG-Skala nicht als Gütesiegel vermarktet wird. Zudem ist es mit solchen Noten wie überall im Leben: Wer komplexe Sachverhalte aus so unterschiedlichen Gebieten wie Umweltschutz, sozialen Fragen und tadelloser Unternehmensführung auf eine einzige Kategorie verdichtet, leistet damit zwar einen Beitrag zur schnellen Übersicht. Wer sich für die Details dahinter interessiert, kommt aber nicht darum herum, mehr zu lesen als bloß einen Buchstaben. Zumal auch diese Einstufung von den Anbietern selbst stammt und nicht von einer unabhängigen Stelle.

Zugleich zeigt der Vorstoß des Nachhaltigkeitsbeirats, wie viel Bewegung es gibt in der Debatte um die korrekte Beratung und Kennzeichnung nachhaltiger Investmentfonds. Und wie kompliziert und wenig hilfreich die aktuelle Lage für Verbraucher und Verbraucherinnen ist. Auch deshalb nutzt Finanztest seine eigene Methodik zur transparenten Einordnung der Angebote auf dem Markt.

Kleiner Grundkurs: Was waren noch mal Fonds?

Ihnen schwirrt vor lauter Nachhaltigkeitsvokabeln der Kopf? Sie wissen gar nicht mehr so genau, worum es bei Fonds grundsätzlich geht? Gehen wir einfach einen Schritt zurück: warum Fonds sich gut zur Geldanlage eignen.

Wenn Sie sich das erste Mal mit Investmentfonds beschäftigen und dieses Buch aufschlagen, sind Sie womöglich erschlagen von der Detailfülle und Vielzahl an Konzepten rund um Nachhaltigkeit. Um diese zu verstehen und einordnen zu können, wie nachhaltige Geldanlage mit Fonds in der Praxis funktioniert, ist es hilfreich, sich noch einmal kurz die Grundlagen der Geldanlage mit Fonds zu vergegenwärtigen.

Investmentfonds sind große Kapitalsammelstellen. Das bedeutet: Viele einzelne Anlegerinnen und Anleger vertrauen einem Fonds Geld an, das in einem großen Topf gesammelt und dann gemeinschaftlich angelegt wird. Verantwortlich für die Anlagestrategie und Auswahl der Wertpapiere ist bei sogenannten aktiven Fonds ein spezielles Fondsmanagement. Bei den sogenannten passiven Fonds, zu denen auch die beliebten börsennotierten ETF gehören, passiert die Geldanlage dagegen automatisch. Diese Fonds werden immer mit den Wertpapieren aus einem bestimmten Index bestückt beziehungsweise bilden die Wertentwicklung eines Index nach. Ein Index ist eine Art Börsenbarometer. Einer der bekanntesten Indizes ist der Deutsche Aktienindex Dax. Ein Dax-ETF wird sich beispielsweise genauso entwickeln wie die 40 Aktienanbieter, die den Dax bilden.

Grundsätzlich bieten solche ETF gegenüber aktiven Fonds einige Vorteile: Sie sind in der Regel preiswerter, weil kein teures Management bezahlt werden muss. Sie sind planbar und bequem, denn sie machen stets das nach, was der Index vorgibt. Und sie schneiden in den meisten Fondsgruppen (etwa „Aktien weltweit“ oder „Anleihen Europa“) in punkto Rendite auf Dauer am besten ab, erzielen auf lange Sicht ein gutes

Chance-Risiko-Verhältnis. Damit eignen sich marktbreite ETF für die Geldanlage von Fondsneulingen genauso wie für Fortgeschrittene. Wer einen zumindest akzeptablen Anlageerfolg mit einem hohen Niveau an Nachhaltigkeit verknüpfen will, kommt allerdings bei der Auswahl an Grenzen. Woran das liegt und warum in diesem Fall aktive Fonds die bessere Alternative darstellen können, erfahren Sie später im Buch (siehe Kapitel 4).

WICHTIG ZU WISSEN: Einen Fonds oder ETF kauft man nicht wie ein Auto oder ein Brot. Vielmehr überlässt man eine bestimmte Summe Geld einer Fondsgesellschaft, verbunden mit dem Auftrag, es nach den im Fonds festgelegten Regeln in einem bestimmten Markt, in einer Region, einer Branche oder zu einem speziellen Thema anzulegen. Technisch läuft der Kauf über ein Fondsdepot ab, das man bei einer Bank eröffnet. (Mehr dazu in Kapitel 7.)

Die Fondsgesellschaft verwaltet also treuhänderisch das Vermögen ihrer Investoren. Dafür entnimmt sie sich laufend eine Verwaltungsgebühr aus dem Fonds. Es mag spitzfindig klingen, ist aber durchaus relevant: Die Fondsgesellschaft hat auf das fremde Vermögen keinen Zugriff. Kommt es hart auf hart und eine Fondsgesellschaft wird insolvent, ist und bleibt das Vermögen im Fonds stets geschützt.

Die drei Vorteile des Fondssparens

Damit sind bereits einige grundsätzliche Eigenschaften benannt, die Fonds für die Geldanlage besonders geeignet machen. Es ist aber vor allem das gemeinsame Sparen mit anderen, das den Reiz und Charme der Fondsanlage ausmacht. Denn das bietet gleich einen dreifachen Vorteil gegenüber einer Kapitalanlage auf eigene Faust:

Der wichtigste Vorteil Es besteht die Möglichkeit, auch kleinere Geldbeträge überaus breit anlegen zu können. Denn jeder Fondsinvestor ist automatisch mit seinem Anteil an sämtlichen Wertpapieren beteiligt, die im Fonds liegen. Das können bei Aktienfonds und Aktien-ETF 50 oder 1000 verschiedene Aktien sein oder – je nach Art des Fonds – auch völlig andere Anlageprodukte wie Anleihen oder Immobilien. Manche dieser Anlageprodukte, zum Beispiel viele Anleihen, kann man als Privatanleger überhaupt nicht einfach so kaufen. Dann ist ein Fonds der geeignete Weg, wenn man in sie investieren möchte.

Ein zweiter Vorteil Die Auswahl ist riesig. Allein im Fondsfinder von Finanztest sind über 20000 aktive Fonds und fast 3000 ETF aufgelistet. (Siehe dazu auch test.de/etf-erfolgsgeschichte-statistiken.) Unter den Fonds finden sich neben reinen Aktienfonds auch Rentenfonds, die ausschließlich in festverzinsliche Wertpapiere wie Anleihen investieren. Aktien- und Rentenfonds sind die beiden wichtigsten Fondsgruppen. Daneben gibt es Mischfonds und sogenannte Multi-Asset-Fonds, die mehrere Anlageklassen mischen. Dazu kommen dann noch reine Geldmarktfonds sowie offene Immobilienfonds, deren Geld in Häuser fließt. Unter all diesen Fondsarten sind reichlich nachhaltige Angebote vertreten. Inzwischen gibt sogar mehr als die Hälfte der Fonds an, einen nachhaltigen oder ESG-Ansatz zu verfolgen.

Der dritte Vorteil Er liegt in der inhaltlichen Leistung, also der eigentlichen Vermögensverwaltung. Fonds bieten eine riesige Auswahl an Anlagestrategien. Wer sich damit beschäftigt, kann genau die Produkte finden, die den eigenen Ansprüchen genügen – und hat danach Zugriff auf das Wissen von Kapitalmarktprofis, die sich den ganzen Tag lang professionell um Geldanlage kümmern und viel näher am Geschehen sind. Das ist kein Garant für besonders großen Anlageerfolg. Aber professionelle Unterstützung ist sicherlich auch nicht von Nachteil. Bei nachhaltigen Anlagestrategien kommt sogar oft noch ein sehr konkreter Effekt hinzu: Viele Fondsgesellschaften treten bei den Unternehmen, in die sie investieren, aktiv für Umweltschutz oder soziale Belange ein und versuchen, mit ihrem Stimmrecht als Miteigentümer etwas zu bewegen. Auch hier hat die gesammelte Stimme vieler Anleger deutlich mehr Gewicht als ein privater Kleinaktionär allein.

Ausschütten oder wieder anlegen? Eine Frage des Sparziels

Zum Abschluss noch eine weitere Unterscheidung, die für viele Investmentfonds von Bedeutung ist: Es geht um den Umgang mit Gewinnen. Wer eine Aktie kauft, sei es direkt oder indirekt über einen Fonds, wird durch den Kauf zum Miteigentümer eines Unternehmens und hat damit in der Regel einen Anspruch auf eine Gewinnbeteiligung. Die wird einmal im Jahr in Form einer Dividende ausgeschüttet, wenn denn genug Erträge dafür zusammenkommen. Auch in den Fonds sammeln sich solche Dividenden an. Die Produkte können dann aber zwei unterschiedliche Wege im Umgang mit dem Geld gehen, oft haben Anlegerinnen und Anleger die Wahl zwischen beiden Varianten: Entweder schüttet der Fonds die Dividendenerträge an die Anleger aus. Dann landet das Geld nach Abzug von Steuern auf dem Verrechnungskonto des Depots. Oder die Fonds investieren die Erträge direkt wieder. Das nennt man thesaurieren.

Vielfach sind ausschüttende Fondstranchen mit einem A für ausschüttend oder mit dem Kürzel Dist. versehen, der englischen Abkürzung für distributing, also verteilend. Die thesaurierende Variante trägt im Namen oft ein T oder Acc. für das englische accumulating, also anhäufend. Beide Varianten haben unterschiedliche Verwendungszwecke. Wer langfristig Vermögen aufbauen will, wird in der Regel thesaurierende Fonds bevorzugen, bei denen die Erträge automatisch in neue Fondsanteile fließen. Wer dagegen regelmäßige Anlageerträge nutzen will, beispielsweise als eine Art Zusatzrente im Alter, kann mit einer ausschüttenden Variante sicher mehr anfangen. In diesem Buch nennen wir in der Regel die thesaurierenden Varianten.

Kostet Nachhaltigkeit Rendite?

Es ist eine der spannendsten und zugleich kompliziertesten Fragen der Anlagewelt. Die schnelle Antwort lautet: Nein. Die ausführliche: Es kommt auch darauf an, womit man die grünen Produkte vergleicht.

Charts übereinanderlegen, Renditen vergleichen, Out- und Unterperformance berechnen. All das gehört in der Investmentindustrie zum Alltag. Der Grund dafür ist allzu simpel: Wer einen Fonds verkaufen will, sucht nun mal nach dem besten Argument für das eigene Produkt. Und das ist und bleibt bei aller Nachhaltigkeit eben stets auch das, was unterm Strich dabei herum- und herauskommt. Renditeerwartungen wiederum richten sich zwar auf die Zukunft, sie werden aber stets mit einem Blick in die Vergangenheit begründet. Und so läuft es in der Fondsindustrie immer wieder darauf hinaus, die Performance, also den Gewinn oder

Verlust, des einen Produkts mit dem eines anderen zu vergleichen (siehe Seite 22).

Genau das geschieht auch mit nachhaltigen Investmentfonds und ETF. Wer wissen will, ob speziell deren Nachhaltigkeitsfokus bei der Anlagestrategie etwas für die Rendite bedeutet, der hat es vergleichsweise leicht – und das ist durchaus im Wortsinn gemeint. Denn die weltweit führenden Nachhaltigkeitsindizes stammen in aller Regel von konventionellen Indizes ab, sodass sich die Rendite der Varianten *grün* (steht für Nachhaltigkeit) oder grau für die konventionelle Variante problemlos vergleichen lassen.

Also machen wir einfach mal den ersten Schritt: Ganz oben auf der Liste populärer Aktienindizes steht der MSCI World Index. Der 1986 erfundene Index bildet kurz gesagt die Performance der Aktien von rund 1500 Unternehmen aus 23 Industrieländern ab. Damit erfasst er nach Angaben seines Anbieters MSCI rund 85 Prozent der Marktkapitalisierung in den beteiligten Ländern, repräsentiert also den allergrößten Teil des weltweiten Anlagegeschehens. Am Rande erwähnt: Etwa 70 Prozent des Indexgewichts liegt in den USA, wo nun einmal mit großem Abstand das meiste Kapital im Umlauf ist.

Seit Anfang 2011 existiert als nachhaltiger Ableger zum MSCI World der MSCI World SRI. Das Kürzel SRI steht für Socially Responsible Investment. Man adressiert hier also Investorinnen und Investoren, die Wert darauf legen, sozial verantwortlich zu handeln. Was heißt das? Nun, MSCI übersetzt SRI so: Ausgehend von den rund 1500 Titeln aus dem *grauen* Basisindex MSCI World sortiert man einerseits all jene Unternehmen heraus, deren Produkte und Dienstleistungen man als umweltschädlich erachtet, sowie jene, deren Arbeitsweise negative soziale Auswirkungen hat.

Im zweiten Schritt kommen dann nur solche Titel in den Nachhaltigkeitsindex, die ein herausragendes ESG-Rating aufweisen. Das wiederum liefern MSCI-eigene Analysten zu. Sie bewerten dazu vor allem öffentlich zugängliche Unternehmensangaben. Etwa zwei Drittel der Unternehmen schaffen es nicht durch diesen doppelten Filter, sodass sich der MSCI World SRI Index bloß noch aus rund 400 Aktien berechnet. Die SRI-Nachhaltigkeitsindizes sind damit bei MSCI sozusagen die dunkelgrünen Ableger, also die mit der härtesten Selektion.

Als hellgrüne Alternative berechnet MSCI seit dem Jahr 2018 außerdem noch einen „MSCI World ESG Screened Index". Hier geht es, wie Profis mit Blick auf den Namen vielleicht ahnen, lediglich um ein Screening, das bedeutet: eine Negativ-Auswahl. Konkret nimmt der Index-Anbieter aus dem Weltindex all jene Unternehmen heraus, die mit umstrittenen Waffen, Tabak, Palmöl oder arktischem Öl und Gas zu tun haben oder Geld mit Kohle oder Ölsand verdienen. Die Unternehmen im Index sollen die Umwelt mit mindestens 30 Prozent weniger CO_2-Ausstoß belasten als die im MSCI World.

Aus der Liste gestrichen werden zudem alle Unternehmen, die sich nicht an die Grundsätze des Global Compact der Vereinten Nationen halten (siehe auch Seite 36, zur Basis der 10 UN-Prinzipien). Außerdem fallen laut den Vorgaben auch noch alle Aktien durch das Raster, die in „schwerwiegende Kontroversen und/oder in bestimmte Kontroversen im Zusammenhang mit der biologischen Vielfalt verwickelt sind", die also den Artenschutz gefährden. Ergebnis des Screenings: Anfang 2024 berechnete sich der „MSCI World ESG Screened Index" aus der Kursbewegung von 1356 unterschiedlichen Unternehmen – das waren gerade mal 124 weniger als im Standardindex.

Schaut man nun im Schritt drei auf die Performance des MSCI World Index und seiner Ableger „ESG Screened" und „SRI", dann ergeben sich auf den ersten Blick tatsächlich keine maßgeblichen Unterschiede. In manchen Jahren war einer der ergrünten Indizes vorn, in anderen der graue. Im Fünf-Jahres-Rückblick liegt der SRI-Ableger sogar leicht vorn.

Ähnliches gilt übrigens beim Vergleich des großen Schwellenländerindex MSCI Emerging Markets (EM), der die Wertentwicklung von 24 Schwellenländer-Börsen nachzeichnet, allen voran China, Taiwan und Indien. Auch zu diesem Index existiert ein SRI-Bruder, und auch hier war im Rückblick mal der eine und mal der andere Index bei der Performance überlegen. Auch an der Börse in Frankfurt schlägt sich der im Jahr 2020 aufgelegte Nachhaltigkeitsindex „Dax 50 ESG" gut, schneidet jedenfalls nicht dauerhaft schlechter ab als der Standardwerteindex Dax.

WAS GENAU IST DER DAX 50 ESG? Dieser Index ist ein nachhaltiger Index der Deutschen Börse, der 50 ausgewählte Unternehmen aus den drei wichtigsten Auswahlindizes Dax, MDax und TecDax enthält. Dazu werden zunächst alle Unternehmen aussortiert, die kontroverse Waffen, Tabak, Kernenergie, Kraftwerkskohle oder Rüstungsgüter produzieren. Für die verbliebenen Unternehmen wird eine Rangliste nach ihrer Größe (Marktkapitalisierung) und einem ESG-Rating erstellt. Die Top 50 schaffen es in den Index. Derzeit sind drei ETF auf den Index im Markt, von Amundi, Credit Suisse und Lyxor.

Quelle: Refinitiv, eigene Berechnungen. Stand: 27. September 2024

Performance: Grün gegen Grau

Die Rendite grüner Aktien liegt im Schnitt nicht unter der Rendite konventioneller Titel. Das zeigt ein Blick auf die Performance wichtiger Indizes in den vergangenen Jahren – einmal mit und einmal ohne Nachhaltigkeitsfokus. Mal liegt „grün", also die nachhaltige Variante, vorn, mal „grau".

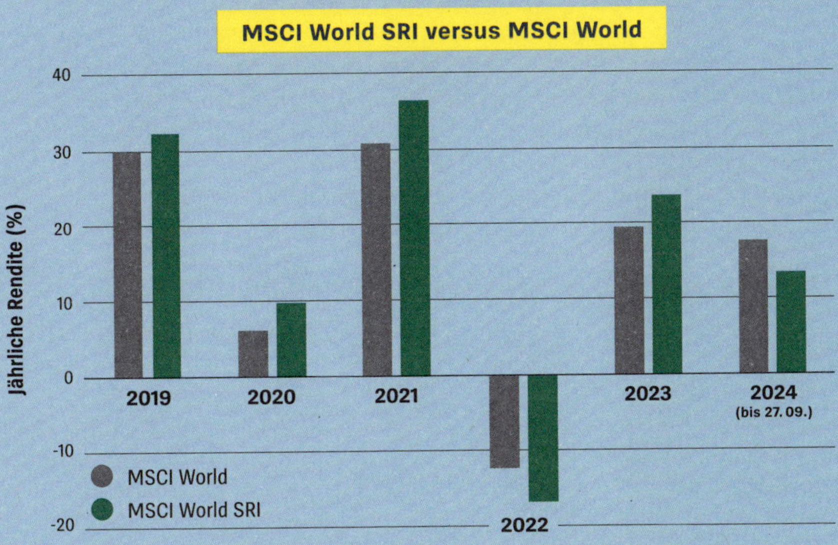

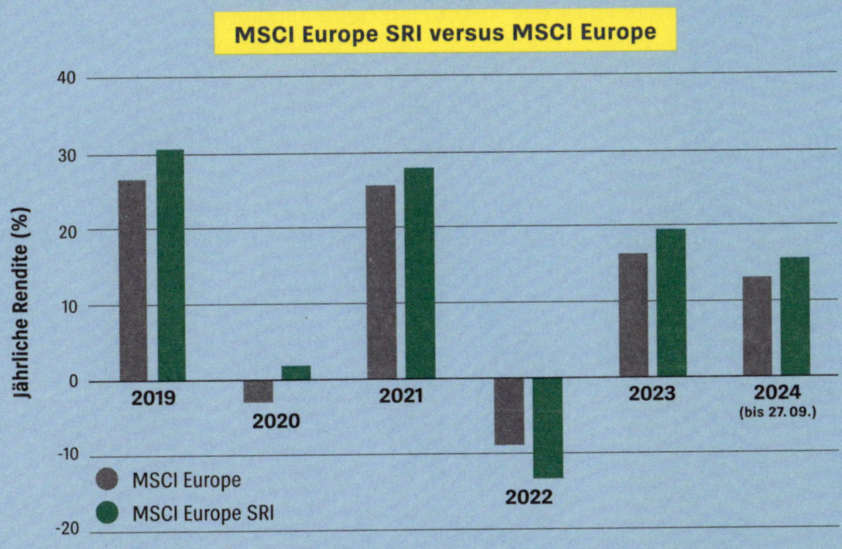

Nun lässt sich trefflich darüber debattieren, ob sich all diese Vergleiche als sonderlich sinnvoll entpuppen. Was vergleicht man dabei im Kern eigentlich, und welche Ereignisse haben den Verlauf von Börsenkursen zuletzt maßgeblich beeinflusst? Der Angriffskrieg Russlands gegen die Ukraine etwa hat sowohl der Öl- und Gasindustrie eine Sonderkonjunktur beschert als auch den Waffenproduzenten – beides lässt nachhaltige Anlagen vergleichsweise schlecht dastehen, ohne dass sich daraus schließen ließe, dass die schwächere Wertentwicklung in ihrer nachhaltigen Strategie begründet wäre. Auch ein genauerer Blick in die Unternehmensauswahl in den Indizes ist interessant, weil, wie schon gezeigt, in den breiten nachhaltigen Indizes keinesfalls besonders ökologische Geschäftsmodelle dominieren. Abseits solch grundsätzlicher Fragen und Kritik lässt sich eines festhalten: Der Griff zu nachhaltigen Anlageindizes hat sich in den vergangenen Jahren jedenfalls nicht als nachteilig für die Rendite erwiesen.

Was die Wissenschaft sagt, was die Zukunft bringt

Wer hier noch etwas tiefer einsteigen will, findet wissenschaftliche Studien zur Performance-Frage in Fachpublikationen wie dem britischen „Journal of Sustainable Finance & Investment". Die Autoren liefern dort regelmäßig auch Metastudien, die eine große Zahl vergleichender Analysen über die Wertentwicklung „Grün versus Grau" auswerten. Bei der jüngsten Studie dieser Art kamen stichprobenartig 1141 wissenschaftliche Artikel aus den Jahren 2015 bis 2020 auf den Tisch. Das Fazit lautet auch hier in aller Kürze: Die finanziellen Ergebnisse von ESG-Investitionen lassen sich im Mittel nicht von denen konventioneller Investitionen unterscheiden. Nachhaltigkeit kostet also keine Rendite. Sie hat sich in der Vergangenheit aber auch nicht spürbar finanziell ausgezahlt.

Das wiederum könnte sich in Zukunft ändern, wie die Autoren der Studie berichten. Sie gehen unter anderem davon aus, dass eine ESG-orientierte Geldanlage auf Dauer „asymmetrische Vorteile" bieten kann. Bedeutet: Insbesondere in sozialen oder wirtschaftlichen Krisenzeiten könnten sich nachhaltige Unternehmen als stabiler erweisen. Zudem könnte es sein, dass Unternehmen, die die Umwelt schädigen, am Kapitalmarkt auf Dauer mit einer „Klimarisikoprämie" bewertet werden – was positiver klingt, als es ist, denn es handelt sich um einen Risikoaufschlag, der Umweltsünder auf Dauer verteuern und damit Rendite kosten könnte. So könnte sich Nachhaltigkeit bei der Auswahl von Anlagezielen mehr und mehr als ein Schutz gegen Klimarisiken erweisen. Dazu kommt noch ein simples Kostenargument: Wer etwa in der Produktion weniger Rohstoffe und Energie verbraucht, spart Geld. Das kann dann auf Dauer den Gewinn steigern.

Ein gutes Beispiel dafür, wie sich die Marktbedingungen gerade verändern, liefern Immobilien: Schlecht isolierte Gebäude ohne nachhaltige Energieversorgung gelten bereits als schwer vermietbar, die Mieterlöse könnten hier also sinken, manche Häuser sich auf Dauer sogar in Investitionsruinen verwandeln, sogenannte Stranded Assets. So etwas lässt sich vermeiden, indem Unternehmen sich jetzt damit beschäftigen, wie sie den Betrieb auf umweltfreundliche Standards umstellen und den Energieverbrauch senken können.

Das alles sind mit dem Blick nach vorn durchaus überzeugende Argumente dafür, warum grün sich lohnen könnte. Dazu kommt: Ein ESG-Screening, das ja über konventionelle Bewertungen hinausreicht, ermöglicht einen noch tieferen Einblick in die Zukunftschancen einzelner Unternehmen und ihrer Geschäftsmodelle, womöglich sogar in die Stabilität von Staaten. Klar ist aber auch: Es ist nicht gesagt, dass ESG-Produkte grundsätzlich besser abschneiden als konventionelle. Und hier wie dort gibt es gute und schlechte Produkte.

Wie die Fondsanbieter sich positionieren

Fondsanbieter nutzen einen bunten Strauß an Selbstverpflichtungen über gesetzliche Vorgaben hinaus. Was solche freiwilligen Nachhaltigkeitsinitiativen und Standards taugen.

Es gibt Sätze, zu denen man sich leichthin bekennen kann. Sie klingen gut, sind zugleich aber so unkonkret und vage formuliert, dass daraus erst mal nicht allzu viel folgt. Zum Beispiel der hier: „Die Fondsgesellschaft übernimmt gesellschaftliche Verantwortung in ökologischen, sozialen Belangen sowie zur guten Unternehmensführung." Der Satz stammt aus den sogenannten Wohlverhaltensrichtlinien des Bundesverbands Investment und Asset Management (BVI) und soll die Branche auch über gesetzliche Vorgaben hinaus daran erinnern, dass die treuhänderische Verwaltung fremder Gelder mit großer gesellschaftlicher Verantwortung verbunden ist. Dazu hat der BVI als Dachverband der Fondsanbieter fünf freiwillige Regeln aufgestellt, die die Mitglieder möglichst befolgen sollten – oder dort, wo sie es einmal nicht tun, zumindest erklären, warum genau sie davon abweichen.

Wohlverhaltensrichtlinien des BVI

Die fünfte Regel ist eben jene zitierte Nachhaltigkeitsregel – und der BVI hat dazu gleich zehn Unterpunkte formuliert, die klarer machen sollen, was damit konkreter gemeint sein könnte. Dabei gehört allerdings zu den Leitsätzen, dass die Fondsgesellschaften ausschließlich im Interesse ihrer Anlegerinnen und Anleger handeln, deren Anlageziele mit „vielfältigen Bedürfnissen" und „individuellen Wertvorstellungen" verbunden seien. Dementsprechend sind hier auch in Sachen Nachhaltigkeit keine großen Festlegungen zu erwarten. Stimm- und Gläubigerrechte verantwortlich ausüben, regelmäßig mit den Portfoliounternehmen reden und – Achtung – „eine Politik entwickeln" im Umgang mit „völkerrechtlich verbotenen oder international geächteten Produkten und Geschäftspraktiken".

All das ist offen gestanden nicht besonders einschränkend. Und so lässt sich allein daraus, dass ein Fondsanbieter sich zu den Wohlverhaltensrichtlinien des BVI bekennt, noch nicht herauslesen, dass es sich um ein sonderlich nachhaltiges Angebot handelt. Immerhin eines will der BVI verhindern: dass in Fonds etwas anderes drinsteckt als draufsteht. So heißt es in der Selbstverpflichtung: „Die Fondsgesellschaft benennt von ihr verwaltete Fonds nur als nachhaltig, ethisch, ökologisch oder in ähnlicher Weise, wenn sie ihre Investitionsentscheidungen nach in Fondsdokumenten festgelegten ESG-Strategien trifft." Immerhin ein Anfang.

Nachhaltigkeitsziele der Vereinten Nationen (SDG)

Eine grobe Richtschnur für die Positionierung der Fondsgesellschaften liefern nach wie vor die im Jahr 2015 veröffentlichten und inzwischen berühmt gewordenen 17 Nachhaltigkeitsziele der Vereinen Nationen, im Englischen als Sustainable Development Goals, kurz SDG, bekannt. Viele Fondsgesellschaften nutzen die Ziele als eine Art moralischen Kompass, auch Ratingagenturen dienen sie als Ausgangslage für ihre Analysen. So hat Marktführer MSCI die 17 UN-Ziele zu fünf Problemfeldern zusammengefasst: Klimawandel, Naturkapital, wobei es um den Schutz natürlicher Ressourcen geht, Grundbedürfnisse, Empowerment (Selbstbestimmung) und Governance (Unternehmensführung).

Principles for Responsible Investment (PRI)

Konkreter wird es bei Fondsanbietern, die sich zu den Principles for Responsible Investment bekennen, einer 2006 gestarteten Finanzinitiative der Vereinten Nationen, um mit Vorreitern Grundsätze für das verantwortungsbewusste Wertpapiermanagement zu entwickeln. Die PRI veranstaltet regelmäßig internationale Konferenzen und betreibt eine eigene Akademie für verantwortliches Investieren. Ein enger Austausch besteht mit dem UN Global Compact, einem weltweiten Pakt zwischen über 7000 Unternehmen und der UNO für mehr Nachhaltigkeit und verantwortliches wirtschaftliches Handeln. Inzwischen haben weltweit über 4800 institutionelle Investoren und 550 Dienstleister die PRI unterzeichnet. Allein 2023 kamen 755 neue Unterschriften dazu. In Deutschland haben rund 300 Investoren unterzeichnet, darunter Versicherer wie die HUK-Coburg, Fondsgesellschaften wie die Deka und Banken wie die LBBW (Landesbank Baden-Württemberg).

Alle Unterzeichner heben die besondere Bedeutung von Nachhaltigkeitsaspekten für die Geldanlage hervor, bei Aktien, Anleihen und im Kreditgeschäft. Konkret verpflichten sie sich sechs Prinzipien: (1) Wir werden ESG-Aspekte in unsere Investmentanalysen und Entscheidungsprozesse einbeziehen. (2) Wir werden aktive Anteilseigner sein und ESG-Themen in unserer Investitionspolitik und -praxis berücksichtigen. (3) Wir werden uns um angemessene Offenlegung von ESG-Themen bei den Unternehmen und Körperschaften bemühen, in die wir investieren. (4) Wir werden die Akzeptanz und die Umsetzung der Prinzipien in der Investmentbranche fördern. (5) Wir werden zusammenarbeiten, um die Effektivität bei der Umsetzung der Prinzipien zu steigern. (6) Wir werden über Aktivitäten und Fortschritte bei der Umsetzung der Prinzipien berichten.

Climate Action 100+

Die PRI haben im Jahr 2017 rund 700 institutionelle Investoren zur Initiative „Climate Action 100+" (CA100+) versammelt. Sie wollen gemeinsam 170 Unternehmen zu mehr Klimaschutz bewegen, die besonders viele Treibhausgase verursachen. Als aktive Investoren sollen sie das Klimabewusstsein im Vorstand erhöhen, sich für mehr Transparenz einsetzen und die Unternehmen dazu bewegen, spätestens im Jahr 2050 Netto-Null-Emissionen zu erreichen. Teil der CA100+ ist auch eine Netto-Null-Unternehmensbenchmark. Dabei sind viele große Fondsgesellschaften: von Allianz Global Investors über Blackrock und DWS bis zur UBS.

The Net Zero Asset Managers (NZAM) Initiative

Im Dezember 2020 kam eine weitere weltweite Initiative der Fondsindustrie dazu. Einmal mehr gilt das Pariser Klimaabkommen mit dem 1,5-Grad-Ziel als Anker. 315 große Fondsgesellschaften machen mit, die zusammen über die Hälfte aller Anlagegelder in Fonds weltweit verwalten. Sie verpflichten sich mit ihrer Anlagestrategie auf das Netto-Null-Emissionsziel bis zum Jahr 2050. Unternehmen, in die sie investieren, wollen sie dazu drängen, Emissionen entsprechend herunterzufahren. Dabei sind Fondsgesellschaften von AGI und Amundi über Fidelity und State Street bis zu Veritas und zCapital. Alle weisen auch Zwischenziele aus, also beispielsweise, wie viele ihrer Portfoliopositionen bereits im Jahr 2030 das Netto-Null-Ziel erreicht haben sollen.

Was die Beispiele zeigen

Weltweit engagiert sich die Fondsindustrie für mehr Nachhaltigkeit, Umweltschutz und Klimaziele. Damit treibt sie den Wandel aktiv voran, etwa wenn mehrere Anbieter gemeinsam auf Investments in die Kohle-, Öl- und Gasindustrie verzichten. Kritiker solcher Initiativen verweisen aber auch darauf, dass Freiwilligkeit allein nicht ausreicht. Zumal trotz anderslautender Ankündigungen und Ziele immer noch viel Fondsvermögen in schmutzigen Geschäften steckt. Einige große Fondsgesellschaften vor allem aus den USA halten sich in den neuen Netto-Null-Netzwerken zudem vornehm zurück.

02

Grüne Fondskonzepte im Vergleich

30 → So macht man Fonds nachhaltig
34 → Vor der Anlage: Was raus- und was reinkommt
41 → Themenfonds: Nachhaltigkeit als Anlageziel

So macht man Fonds nachhaltig

Fondsgesellschaften haben sich in den vergangenen Jahren ganz unterschiedliche Werkzeuge angeeignet, um die passenden nachhaltigen Anlageziele für ihre Fonds auszuwählen. Die wichtigsten Konzepte im Überblick.

Vielleicht war es am Ende doch ein bisschen zu viel Rock'n'Roll (mehr dazu gleich). Im Sommer 2023 feuerte der Fondsanbieter Ökoworld seinen Gründer und Vorstandschef Alfred Platow. Der inzwischen 76-Jährige wurde offiziell im Zuge eines Generationswechsels an der Spitze seiner Firma abgelöst. Doch es gilt als offenes Geheimnis, dass er seinen Job verlor, weil er in den Monaten zuvor angeboten hatte, er würde die Strafen übernehmen, die Blockierer der sogenannten Letzten Generation für ihre Blockaden zahlen müssten. Platow hatte auch schon die Klimaaktivisten mit einer 50 000-Euro-Spende bedacht, die im Ort Lützerath gegen den Braunkohleabbau protestierten. Mit seiner Strafzettel-Idee brachte er dann aber wohl das Fass zum Überlaufen – schließlich konnte man die Geste auch als unverhohlene Aufforderung an andere verstehen, das Gesetz zu übertreten, ohne die Konsequenzen tragen zu müssen.

Alfred Platow ist nicht irgendwer: Dieser Mann ist so etwas wie der deutsche Gründervater der ökologischen Geldanlage. Schon 1975 gründete er seine Versicherungsagentur, die er später als Ökoworld AG an die Börse führte und die sich von Anfang an einer besonders nachhaltigen Geldanlage verschrieben hatte. Das freilich zu einer Zeit, als man das noch nicht so nannte – sondern lediglich von Öko- oder Umweltfonds sprach. Anfang der 1990er-Jahre kamen die ersten dieser neuartigen Produkte auf den Markt, umweltfreundliche Anlagemöglichkeiten waren rar, Nachhaltigkeitsberichte unbekannt, am ehesten fand man seine Anlageobjekte bei Unternehmen, die mit neuen technischen Lösungen Umweltprobleme lösen wollten, sei es bei der Papierherstellung, bei Kosmetika oder mit Filtertechnik und im Recycling.

Platow und andere Anbieter der ersten Stunde, darunter beispielsweise die Kirchen, begründeten damals quasi eine neue Anlageklasse: den

Ökofonds. Heute hat allein Ökoworld derer fünf, unter anderem auch den Rock-n-Roll-Fonds, den Eltern für ihre Kinder, Großeltern für ihre Enkel kaufen sollen und der durch Geldanlage in „familientauglichen Bereichen" die „bestmögliche Wohlfühlrendite" erzielen soll. Selbstredend mit einem Schwerpunkt auf Unternehmen, die ökologische, soziale oder ethische Ziele verfolgen, sowie Anleihen von Staaten, die sich nachhaltig ausrichten.

Von Integration bis Impact ist fast alles dabei

In den vergangenen Jahren hat sich nun das Bewusstsein für nachhaltige Geldanlagen dramatisch erhöht – und die Zahl der Fonds ist stark gewachsen. Thematisch angelegte Öko-Technologiefonds, mit denen alles begann, gehören heute eher zu den Exoten im ESG-, CSR- und SDG-Regal der Fondsindustrie. Tatsächlich nutzen die Fondsgesellschaften inzwischen einen breit gefächerten Baukasten an Investment-Ansätzen, um nachhaltige Geldanlage zu betreiben. Dazu gehört neben den dezidierten Themen-, Umwelt- oder Klimafonds, die es immer noch gibt, auch die sogenannte ESG-Integration in den Investmentprozess, die Nutzung von Ausschlusskriterien, unterschiedlicher Screenings, Best-in-Class- und Best-of-Class-Ansätze (mehr dazu später); außerdem kommen noch Produkte mit besonderem Engagement für Nachhaltigkeit dazu, „Shareholder Activism" und das sogenannte Impact Investing. Vielfach findet sich bei den Fonds auch eine Mischung aus mehreren dieser Konzepte.

Sie als Anlegerinnen und Anleger haben damit die Möglichkeit, genau die Fonds herauszusuchen, die mit Ihren Werten und Vorstellungen von Nachhaltigkeit übereinstimmen und die den Beitrag zur Gesellschaft und Umwelt leisten, den Sie sich selbst unter Nachhaltigkeit vorstellen. Denn das alles ist nun mal eine Frage der Strenge, des Blickwinkels und der Ideale, die man verfolgen mag – und letztlich natürlich auch der Abwägung zwischen finanziellen und nicht-finanziellen Zielen.

Dabei lässt sich die heutige Welt der nachhaltigen Fonds grob in fünf Stufen aufteilen (siehe Grafik, Seite 32), die sich einerseits in ihrer Strenge und Ambition unterscheiden und die andererseits unterschiedliche Strategien verfolgen, um zunächst Anlageziele für das Portfolio zu identifizieren, dann womöglich als engagierte Aktionäre oder Gläubiger Dinge zu verändern und schließlich den Erfolg zu dokumentieren. Diese Kategorisierung folgt einem Schema, das die Organisation zur Förderung von ethischem Investment Eurosif mit Sitz in Brüssel derzeit diskutiert, der wichtigste europäische Dachverband der Nachhaltigkeitsszene. Das Ziel dieser Einteilung ist, genauer unterscheiden zu können, was alles ei-

Nachhaltig anlegen im Strengevergleich

Bei nachhaltiger Geldanlage hat jeder andere Vorstellungen. Manchen reicht ein grober Filter, um die größten Umweltsünder zu meiden, andere wollen mit ihrem Geld konkret grünen Zielen dienen. Für jeden Anspruch an die Strenge der Nachhaltigkeit gibt es die passende Anlagekategorie.

Stufe 1 Ausschlüsse: Investments folgen bestimmten Werten und Normen

Stufe 2 ESG-Basis-Investitionen: Fokus darauf, finanzielle Risiken und Nachteile zu vermeiden

Stufe 3 Fortgeschrittene ESG-Investitionen: Auch finanzielle Chancen rücken in den Blick

Stufe 4 Impact-orientierte Investitionen: Das Geld soll dorthin fließen, wo es einen positiven Beitrag leistet, zum Beispiel zum Klimaschutz

Stufe 5 Impact schaffende Investitionen: Geldgeber soll positive Wirkung der Investitionsziele aktiv verstärken

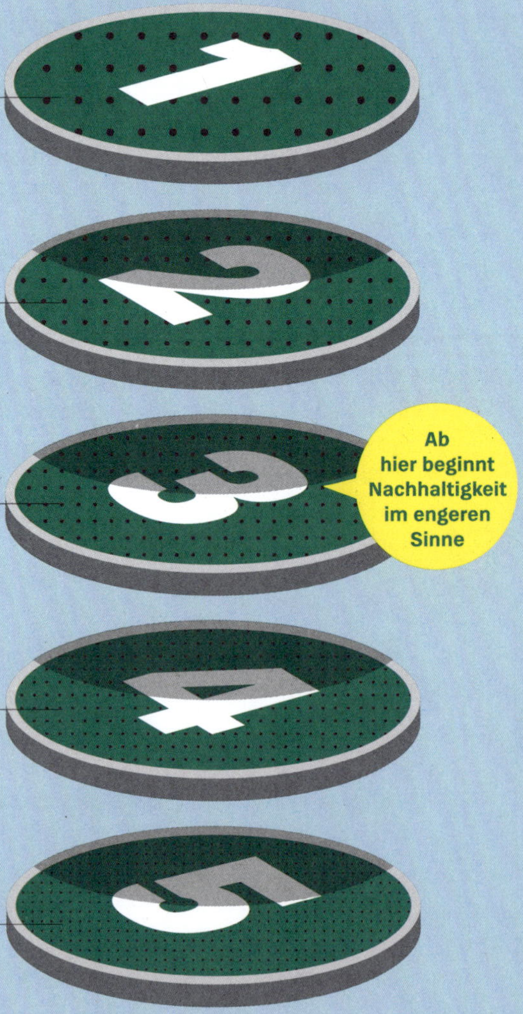

ne nachhaltige Investition im weiteren Sinne ausmachen kann – und wo der Übergang liegt zu Strategien, die aktiv den Übergang zu einer gerechteren und nachhaltigeren Wirtschaft unterstützen wollen und damit auch im engeren Sinne nachhaltig wirken.

Entscheidend für Anlegerinnen und Anleger, die sich mit dem großen und ständig wachsenden Angebot an nachhaltigen Fonds befassen, dürfte vielfach das Ambitionsniveau sein, mit dem ein Fonds tatsächlich versucht, aktiv etwas für den Umweltschutz, das Klima, soziale Zwecke oder ethische Fragen zu tun. Anders gesagt: Es geht darum, herauszufinden, welche Ziele ein Fonds verfolgt. Die Basis bildet hier ein moralisches Grundgerüst, das auf bestimmten Werten oder Normen basiert – und so in der Regel bestimmte Anlageziele ausschließt, die sich nicht an diese Werte halten. Also etwa: keine Waffen, kein Öl, keine Kinderarbeit. Stufe zwei wäre dann der Versuch, finanzielle Risiken aus nicht nachhaltigen Anlagen zu vermeiden und so den Anlageerfolg zu erhöhen oder Schwankungen zu vermeiden. Das Ziel in der dritten Stufe könnte dann lauten, selbst mit Geld zur Lösung ökologischer oder sozialer Probleme beizutragen.

So integrieren Fondsmanager ESG-Kriterien

Um diese Ziele zu erreichen, integrieren die meisten Fondsgesellschaften inzwischen bestimmte Umwelt-, Sozial- und Governance-Kriterien in ihren Investmentprozess. Was heißt das? Nun, die Fondsmanager achten bei der Auswahl von Anlagezielen nicht mehr nur auf finanzielle Kennzahlen, sondern bewerten auch die langfristigen Auswirkungen auf Umwelt, Gesellschaft oder Unternehmensführung. Diese ESG-Kriterien sollen möglichst positiv auf Risiken und die langfristige Wertentwicklung wirken. Die dazu nötigen Daten stammen in der Regel von spezialisierten Ratingagenturen und den großen Indexanbietern.

Die sogenannte ESG-Integration beginnt in der Regel bei der Analyse des Anlage-Universums. Fondsmanager identifizieren hier potenzielle Anlagekandidaten und bewerten sie dann mithilfe der ESG-Kriterien. Das könnten der CO_2-Fußabdruck sein, soziale Auswirkungen, Eigenarten der Unternehmensführung und andere Faktoren. Unternehmen, die positiv abschneiden, werden möglicherweise bevorzugt, Unternehmen, die besondere Risiken aufweisen, könnten ausgeschlossen werden. Beim laufenden Portfoliomanagement überwachen die Fondsmanager dann, wie sich die ESG-Faktoren entwickeln. Geht die Leistung zurück, fliegt ein Titel womöglich aus dem Portfolio. Auf den folgenden Seiten gehen wir den Auswahlmechanismen tiefer auf den Grund.

Quelle: Classification Scheme for Sustainable Investments, White Paper der Universität Hamburg.
Stand: Juli 2022

Vor der Anlage: Was raus- und was reinkommt

Schritt eins bei nachhaltigen Fonds: Unternehmen aussortieren, die einfach niemand im Depot haben will, der mit ökologischem und sozialem Gewissen anlegt. Und dann beim Rest entscheiden: Wer kommt rein?

Man könnte meinen, die Sache sei doch klar: Kinderarbeit, Drogen, Chemiewaffen – wer will schon in Unternehmen investieren, die mit dreckigen Methoden, zweifelhaften Produkten oder dunklen Geschäften Geld verdienen? Man könnte denken, es braucht kein sonderlich ausgeprägtes oder gar nachhaltiges Gewissen, um manche Industrien und Konzerne grundsätzlich aus seinem Anlageuniversum zu verbannen. Insofern ist es nicht verwunderlich, dass genau solche Ausschlusskriterien für bestimmte Unternehmen, auch bekannt als negatives Screening, zur Grundausstattung aller nachhaltigen Fonds und ETF gehören.

Zur Wahrheit gehört allerdings auch: Über die genaue Ausgestaltung der Ausschlussverfahren herrscht in der Branche keineswegs Einigkeit. Ganz im Gegenteil: Was genau von der Negativ-Auswahl erfasst ist und unter welchen Bedingungen Unternehmen aus den Fonds aussortiert werden, darüber lässt sich trefflich streiten – und das auch aus Sicht der Anlegerinnen und Anleger.

Es beginnt mit der Grundsatzentscheidung, nach welchem Maßstab überhaupt Ausschlüsse erfolgen: Verbannt man gleich ganze Sektoren aus dem Anlageuniversum? Bringt schon die Einbindung in eine Industrie, beispielsweise über Lieferketten, ein Unternehmen auf die schwarze Liste? Oder setzt man sich vielleicht eine Umsatzschwelle, bis zu der Geschäfte, die man ausschließen möchte, noch geduldet werden? All diese Ansätze sind im Markt vorhanden, und alle laufen unter dem Schlagwort „Ausschluss".

Dazu kommen dann sehr spezifische Fragen in den einzelnen Sektoren, hier zwei Beispiele:

Beispiel Energieversorger: Viele Screenings sortieren etwa die großen Öl- und Gaskonzerne aus naheliegenden Umweltgründen aus. Was aber ist mit Unternehmen, die zwar noch fossile Brennstoffe einsetzen, zugleich jedoch massiv in Solar- und Windparks investieren? Und wie umgehen mit Kernenergie? Die ist bekanntermaßen emissionsfrei, dafür sind die Fragen der Endlagerung nicht geklärt, von Sicherheitsrisiken zu schweigen, die manche als gesellschaftliche Gefahr ansehen. Oder das Beispiel Pelze: Die Pelzproduktion gilt gemeinhin als Tierquälerei, Produzenten bleiben vielfach außen vor. Aber was ist mit Händlern, die auch Pelzwaren verkaufen? Schließt ein Fonds auch hier grundsätzlich sämtliche Investments aus?

Beispiel Waffen: Die Herstellung kontroverser oder international geächteter Waffen wie Streubomben, Antipersonenminen oder ABC-Waffen führt in der Regel zum Ausschluss, auch atomare Waffen sind in nachhaltigen Fonds nicht gern gesehen. Darüber hinaus wird die Abgrenzung dann aber schwierig. Bei einem strengen Verbot von Investitionen in Unternehmen, die Waffen herstellen, würden nämlich unter anderem große Teile der Autoindustrie wegfallen, weil sie beispielsweise auch Motoren für Militärfahrzeuge liefern. Dasselbe gilt für die Flugzeugindustrie. Und wenn es bloß darum geht, dass sich Güter auch militärisch einsetzen lassen, dann wäre der komplette Technologiesektor zu sperren. Zudem gilt im Stadium der Zeitenwende manche Waffe als notwendiges Investment in die Verteidigung unserer Werte, Stichwort: wehrhafte Demokratie. Heiligt der moralische Zweck dann womöglich auch ein nicht gar so nachhaltiges Mittel?

Eine Hilfestellung kann hier das sogenannte normbasierte Screening bieten. Heißt letztlich nichts anderes, als dass die Kriterien, nach denen Unternehmen und Anlageziele entweder aussortiert oder für investierbar befunden werden, nicht vom Fondsanbieter selbst stammen, sondern dass man ganz systematisch einen Katalog abarbeitet. Dieser Katalog orientiert sich an branchenüblichen Normen und Mindeststandards, auf die sich möglichst viele einigen können. Dazu zählen Verträge der Vereinten Nationen der UN Global Compact (UNGC), die Allgemeine Erklärung der Menschenrechte oder auch Leitlinien der OECD. Unternehmen, die gegen Grundsätze des UNGC verstoßen, Anleihen von Ländern, die sich nicht an internationale Normen wie das Pariser Klima-Abkommen halten, oder Staaten, die mit Sanktionen des UN-Sicherheitsrats belegt sind, überstehen ein solches Screening nicht.

UN Global Compact

Dieser Pakt zwischen Unternehmen und Vereinten Nationen wurde von rund 25 000 Unternehmen und Organisationen in über 170 Ländern unterschrieben, die sich damit auf zehn fundamentale Prinzipien verpflichten:

1

Den Schutz der internationalen Menschenrechte unterstützen und achten.

2

Sicherstellen, dass sie sich nicht an Menschenrechtsverletzungen mitschuldig machen.

3

Die Vereinigungsfreiheit und die wirksame Anerkennung des Rechts auf Kollektivverhandlungen wahren.

4

Für die Beseitigung aller Formen von Zwangsarbeit eintreten.

5

Für die Abschaffung von Kinderarbeit eintreten.

6

Für die Beseitigung von Diskriminierung bei Anstellung und Erwerbstätigkeit eintreten.

7

Im Umgang mit Umweltproblemen dem Vorsorgeprinzip folgen.

8

Initiativen ergreifen, um größeres Umweltbewusstsein zu fördern.

9

Die Entwicklung und Verbreitung umweltfreundlicher Technologien beschleunigen.

10

Gegen alle Arten der Korruption eintreten, einschließlich Erpressung und Bestechung.

→ Fonds, die in Unternehmen investieren, die gegen eines dieser Prinzipien verstoßen, scheiden aus der Nachhaltigkeitsbewertung bei Finanztest automatisch aus.

Klassenbeste und Beste aller Klassen

Sind erst mal die größten Sünder per Screening aussortiert, folgt der nächste Arbeitsschritt. Wer was auf sich hält in Sachen Nachhaltigkeit, wird nun überlegen, welche Investitionsobjekte aus dem verbliebenen Angebot sich im Vergleich zu anderen besser eignen und somit durchsetzen können. Diese Überlegung ist umso wichtiger, je weniger streng man bei den Ausschlüssen im ersten Schritt war. Die gebräuchlichste Strategie dazu nennt sich die „Best-in-Class"-Auswahl.

Dahinter steckt der Gedanke, stets in die Klassenbesten einer bestimmten Kategorie zu investieren. Also die Lebensmittelunternehmen mit dem geringsten CO_2-Ausstoß, den nachhaltigsten Autohersteller, das sauberste Energieunternehmen. Die Beispiele zeigen schon einiges über den vielleicht wichtigsten Nebeneffekt dieses Auswahlmechanismus. Denn einerseits gelingt es damit – so denn die nötigen Daten vorhanden sind –, stets die besten Anbieter eines Faches herauszusuchen. Andererseits könnten dabei aber Unternehmen durchrutschen, die es zwar besser machen als die Konkurrenz, die aber trotzdem weit entfernt von sauberen Geschäften sind. Entweder weil in einer Branche der allgemeine Standard vergleichsweise niedrig ausfällt. Oder weil eine Branche per se im Vergleich zu anderen Branchen keine sonderlich gute Figur macht: Nicht ganz so schlimm, als dass man sie komplett ausschließen müsste, aber eben auch nicht richtig sauber. Will man überhaupt in den Autosektor investieren? Oder in die Energieherstellung?

Wer so etwas vermeiden will, kann auch anders sortieren und selektieren. Zum Beispiel nach dem „Best-of-Classes"-Ansatz. Klingt ähnlich, meint aber unterm Strich in der Regel etwas anderes, nämlich, dass nur Unternehmen in die Auswahl kommen, die bestimmte Mindestanforderungen erfüllen. Unternehmen oder Institutionen müssen dann, um überhaupt für eine Anlage infrage zu kommen, zusätzlich nach der Negativauswahl noch eine Art positives Screening überstehen. Dazu definieren die Fonds oft recht spezielle Voraussetzungen. Das könnten Schwellenwerte bei der Ökoeffizienz sein, CO_2-Grenzen, Geschlechterquoten in der Führungsriege, Höchstgrenzen für die Arbeitszeit oder die Zugehörigkeit zu ganz bestimmten Zielbranchen. Es zählt also nicht mehr der Vergleich innerhalb einer Gruppe, sondern auch die Klasse selbst muss den Nachhaltigkeitstest überstehen.

Schließlich schauen manche Fondsmanager nicht nur darauf, welche Unternehmen sich im Vergleich zu anderen besonders gut machen, sondern setzen vielmehr auf jene, die zuletzt besonders große Fortschritte in Sachen Nachhaltigkeit erzielt haben. Das heißt dann in den Fondsbeschreibungen gern „Best-Effort-Prinzip" oder auch „Best-in-Progress". Dahinter steckt unter anderem auch die Annahme, dass ein qualitativ hochwertiges Nachhaltigkeitsmanagement und ein ehrgeiziger Plan etwa zur CO_2-Reduzierung auf Dauer den finanziellen Erfolg vergrößern. Anders gesagt, dass Unternehmen, die nachhaltiger werden, auf Dauer auch erfolgreicher sind.

Nachhaltiges aktives Fondsmanagement

Widmen wir uns nun der Frage, was eigentlich in einem Fonds laufend mit den Anlagen passiert, wenn diese es erst einmal ins Portfolio geschafft haben. Um es gleich vorwegzunehmen: Passive Fonds und ETF haben bei der laufenden Beurteilung weniger Möglichkeiten. Denn bei einem Index entscheidet der Indexlieferant und nicht das Fondsmanagement darüber, welche Titel im Portfolio sind und welche nicht. Die Einflussnahme geschieht hier lediglich indirekt – wir kommen noch einmal darauf zurück.

Zunächst widmen wir uns dem nachhaltigen aktiven Fondsmanagement. Letztlich geht es dabei um den Austausch zwischen dem Fondsmanagement und den Anlagezielen, vor allem der Unternehmen, in die der Fonds investiert hat. Der Grundgedanke dahinter lautet: Wer einem Unternehmen Kapital zur Verfügung stellt – und genau das tun die Fonds ja –, kann auch das Verhalten der Unternehmen beeinflussen. So könnten Fondsmanager zum Beispiel in regelmäßigen Treffen darauf drängen, dass eine neue Produktionsanlage mit erneuerbarer Energie betrieben wird, mehr Frauen in den Vorstand aufrücken, das Unternehmen seine Zulieferer strenger überwacht oder es detailliertere Daten über Umweltbelastungen und den Ausstoß von Treibhausgasen veröffentlicht.

Immer mehr Fondsgesellschaften schreiben sich auf die Fahnen, sich mit aktivem Engagement für Verbesserungen beim Umweltschutz oder bei sozialen Anliegen einzusetzen. Wie gut das am Ende funktioniert, ist in gewisser Weise Vertrauenssache – abgesehen von einem ganz speziellen Fall des Engagements, der sich konkret bewerten und nachvollziehen lässt, nämlich der Art und Weise, wie Fondsgesellschaften als Aktionäre die Stimmrechte ausüben, die Miteigentümer grundsätzlich besitzen. Diese Stimmrechte können Fonds treuhänderisch für alle Kunden ausüben, die Geld investiert haben – im Fachjargon heißt dieser Vorgang übrigens Proxy Voting oder auf Deutsch Stimmrechtsvertretung.

Diese Stimmrechte lassen sich auf Hauptversammlungen vielfältig nutzen, etwa wenn es darum geht, den Vorstand zu entlasten – oder auch nicht. Aktionäre haben darüber hinaus ein Rederecht, können eigene Anfragen und Anträge stellen. Und wenn Fondsgesellschaften gewisse Beteiligungsschwellen überschreiten, entsenden sie womöglich gar eigene Leute in die Aufsichtsräte und üben durch ihre Stimme besonders hohe Kontrolle aus. Daraus erwächst den Fondsgesellschaften eine gewisse Macht zur Veränderung in den Unternehmen – und die Verantwortung, sorgfältig damit umzugehen.

An dieser Stelle kommen im Übrigen auch die Anbieter passiver Fonds und ETF wieder ins Spiel. Denn auch wenn hier kein Management einzelner Fonds existiert, das sich mit Vorständen trifft oder Anträge stellt, treten die Anbieter als Ganzes schon auf Hauptversammlungen in Erscheinung. Die Kapitalanlagegesellschaft Blackrock, die mit ihrer Produktlinie iShares der Weltmarktführer für ETF ist, gibt beispielsweise an, jedes Jahr auf mehr als 18 000 Hauptversammlungen abzustimmen. Beim Abstimmungsverhalten hält man sich an einige weltweit gültige Standards, die man hier Stewardship nennt: es geht also um verantwortungsvolles Handeln. Das klingt indes etwas nachhaltiger, als es ist. So heißt es in den Regularien zwar, man ermutige Unternehmen dazu, offenzulegen, wie sie sich den Übergang zu einer kohlenstoffarmen Wirtschaft langfristig vorstellen – und man begrüße es, wenn Unternehmen solche Übergangspläne veröffentlichen. Als einer von vielen Anteilseignern, der in der Regel bloß eine Minderheitsbeteiligung hält, „sagt Blackrock den Unternehmen aber nicht, was sie zu tun haben". Das sei Aufgabe des Vorstands beziehungsweise der Geschäftsführung. Anlegerinnen und Anleger tun also gut daran, nicht allein auf die Versprechen der Fondsanbieter zu vertrauen, dass sie sich aktiv für nachhaltige Ziele einsetzen – sondern auch nachzuvollziehen, was das dann konkret bedeuten soll.

Die Krönung: Anlegen mit Impact

Mit Engagement und aktivem Einsatz der Stimmrechte sind die Möglichkeiten aber noch nicht ausgeschöpft, die Fondsgesellschaften haben, um sich für nachhaltige Ziele einzusetzen und einen positiven Beitrag zur Umwelt und für die Gesellschaft zu leisten. Ganz am Ende der Skala steht noch das „Impact Investing". Der Begriff ist uns schon einmal begegnet bei der europäischen Regulierung nach Artikel 9 (siehe Kapitel 1, Seite 11). Fonds, die nach dieser neuen nachhaltigen Produktkategorie der EU-Offenlegungsverordnung geführt werden, sind angehalten, konkrete eigene nachhaltige Anlageziele zu verfolgen und Auskunft darüber zu erteilen, welche Wirkungen ihre nachhaltigen Investitionen im Sinne dieser Ziele entfalten. Was heißt das konkret? Nun, will ein Fonds beispielsweise Treibhausgasemissionen senken, dann können Investitionen in Wind- und Solarenergie konkret dabei helfen, etwa weil sie Strom produzieren, der dann nicht aus fossilen Energieträgern gewonnen werden muss. Häufig sind solche Impact-Fonds tatsächlich direkt an Sachwerten wir Solarparks beteiligt.

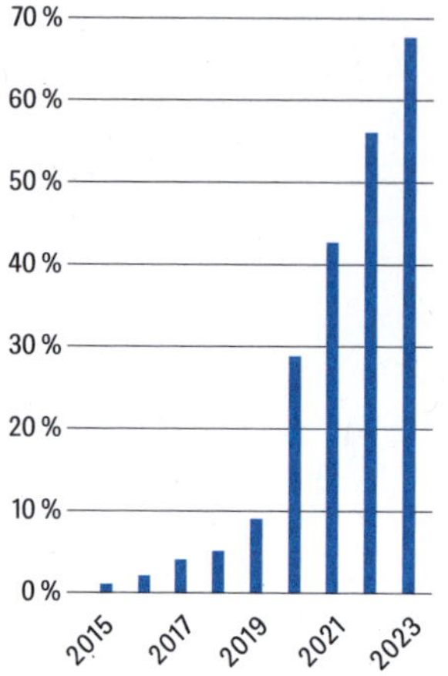

DIVESTMENT FÜR BESSERES KLIMA: Der norwegische Staatsfonds gilt als Vorreiter für eine besondere Nachhaltigkeitsbewegung: 2015 beschloss der größte Staatsfonds der Welt, der damals bereits 800 Milliarden Euro an Pensionsgeldern verwaltete, Kapital aus allen Unternehmen abzuziehen, die Energie aus fossilen Rohstoffen gewinnen. Ende 2023 waren bereits 68 Prozent der vom Fonds finanzierten Emissionen auf klimaneutralem Kurs. Diesem Vorbild folgten viele Unternehmen weltweit.

Ausgerechnet Norwegen, einer der größten Gas- und Öl-Exporteure der Welt, entzog also der fossilen Wirtschaft das Kapital (Divestment = Desinvestition). Dem Beispiel folgten viele: Ende 2023 hatten sich fast 2400 Portfolio-Unternehmen zum Netto-Null-Ziel bis 2050 bekannt – und wollen damit nicht nur symbolisch und politisch den Klimasündern den Kampf ansagen, sondern sie auch finanziell austrocknen. Eine besondere Form des Engagements – durch Geldentzug.

Zusätzlich zur finanziellen Rendite sollen solche Fonds also messbare positive Umweltwirkungen entfalten oder einen sozialen Nutzen erzielen. Die Anlagestrategie basiert dementsprechend darauf, Unternehmen oder Projekte finanziell zu fördern, die einen spezifischen nachhaltigen sozialen oder Umweltnutzen bieten, sodass Anlegerinnen und Anleger mit ihrem Geld nicht nur der Umwelt und Gesellschaft nicht schaden, sondern vielmehr aktiv zur Lösung gesellschaftlicher und ökologischer Herausforderungen beitragen.

Typische Impact-Investing-Fonds unterstützen Umweltprojekte, sie finanzieren Kleinkredite in Entwicklungsländern oder engagieren sich für Bildung. Eine Spezialität bei diesen Fonds liegt eben genau darin, dass sie offenbaren, welche Ziele sie verfolgen und wie sie dabei weiterkommen. Hierbei ist durchaus Kreativität gefragt, denn es braucht nun ein-

Quelle: https://www.nbim.no

mal messbare Kriterien, um den „Impact" zu bilanzieren. In den Berichten finden sich daher oft ausführliche Erklärungen zur Menge des Ökostroms in Kilowattstunden, zum recycelten Müll, zum gefilterten Wasser, zu neu gebauten Schulen, zu Arbeitsplätzen in einem bestimmten Arbeitsfeld und dergleichen mehr. Der Zusammenhang zwischen einem Impact-Aktienfonds und den dargestellten Zahlen ist allerdings oft nur ein indirekter. Ein Aktienkauf über eine Börse spült dem Unternehmen schließlich kein Kapital aufs Konto, mit dem es dann etwas bewirken könnte. Wer einen direkten „Impact" erzielen will, der muss also schon direkt in entsprechende Projekte investieren. Das tun nicht alle Fonds dieser Art.

Themenfonds: Nachhaltigkeit als Anlageziel

Die meisten Fonds, um die es bislang ging, sind breit gestreut und können auch Branchen umfassen, die nicht auf den ersten Blick nachhaltig oder grün sind. Themenfonds machen dagegen erneuerbare Energien, Recycling, sauberes Wasser und mehr zum Hauptzweck.

Die im vorigen Kapitel beschriebenen Ansätze zu mehr Nachhaltigkeit in Fonds lassen sich letztlich in jedem beliebigen Markt umsetzen und über jedes denkbare Fondskonzept stülpen. So stehen Negativ-Screenings und positive Auswahlmechanismen im Sinne der Nachhaltigkeit einem Aktienfonds aus der Region Nordamerika genauso offen wie einem Technologiefonds oder einem Anleihefonds aus Schwellenländern. Auch auf ETF lässt sich dieses Vorgehen problemlos anwenden. So wird etwa aus der MSCI-Indexfamilie per Negativ-Screening die „MSCI-ESG-Screened"-Reihe. Kommt nun auch noch ein Positiv-Filter dazu, wird schließlich die Linie „MSCI SRI" daraus. Hier berücksichtigt der Indexanbieter per Best-in-Class-Selektion immer nur das Top-Viertel des entsprechenden Sektors für die Indexberechnung.

Bis zu diesem Punkt spielt es aber für die Fonds noch keine Rolle, ob die Unternehmen oder Staaten, die dort auftauchen, sich beispielsweise in ihrem Kerngeschäft oder mit ihren Investitionen einer der großen ökologischen oder sozialen Herausforderungen widmen und so einen positiven Beitrag zur nachhaltigen Entwicklung leisten. Dafür braucht es eine andere Anlagestrategie, die ein Nachhaltigkeitsthema konkret zum Fonds-Ziel erklärt und sich darauf konzentriert.

Die gängigste Umsetzung dieser Idee auf dem Markt bieten sogenannte Themenfonds, die sich bei der Anlage auf ganz bestimmte nachhaltige Aspekte oder Trends konzentrieren. Das könnte sauberes Wasser sein, nachhaltige Stadtentwicklung, soziale Gerechtigkeit oder auch erneuerbare Energien. Die eingangs des Kapitels erwähnten Öko- oder Umweltfonds, die mit ihrer teils jahrzehntelangen Historie so etwas wie die Vorreiter des gesamten Marktes sind, klingen zwar auch nach Themenfonds. Sie gehören letztlich aber nicht in diese Kategorie, sondern investieren breiter gestreut in viele Märkte.

Man sieht schon, dass es ein völlig anderes Verständnis von Nachhaltigkeit braucht, um sich für solche Produkte zu begeistern, als bloß einen nachhaltig veredelten Indexfonds zu kaufen. Im Sprech und Konzept der EU handelt es bei Themenfonds übrigens häufig um sogenannte Artikel-9-Fonds (siehe Kapitel 1). Andere Themenfonds wiederum sind gar nicht so grün, wie man annehmen könnte, bloß weil etwas von Klimawandel oder Wasser draufsteht. Einige verwenden beispielsweise in ihrem Marktsegment keine expliziten Ausschlusskriterien, sodass etwa auch Energiekonzerne, die nicht vollständig grün sind, im Portfolio landen könnten.

Grundsätzlich lässt sich mit Themenfonds aber gezielt in ganz besondere Bereiche und Unternehmen investieren: solche, die sich für nachhaltige Landwirtschaft einsetzen oder für den Verkehr der Zukunft, die die Ökoeffizienz erhöhen wollen, die Artenvielfalt verbessern, grüne Gebäude errichten, für die Gleichstellung der Geschlechter eintreten oder Produkte und Dienstleistungen zur Klimaanpassung entwickeln. Klassiker unter den grünen Themenfonds sind sicherlich die Erneuerbare-Energie-Fonds, die Kapital in Solar-, Wind- oder auch Wasserstofftechnologie investieren. Etwas weiter gefasst stehen solche Umwelt- und auch Klimafonds für die Geldanlage in Bereiche wie Recycling, Energieeffizienz und umweltfreundliche Technologie.

Passive Themenfonds

Auch im Segment der Themenfonds sind neben den aktiven zahlreiche passive Indexfonds vertreten. Sie bilden dann entsprechende Branchen- oder Sektor-Indizes nach, von denen es am Markt inzwischen nur so wimmelt. Die Bandbreite reicht vom „Nasdaq Global Future Mobility Index" über den „Solactive Clean Water Index" bis zum „MSCI Women's Leadership", einem Index, der sich auf Unternehmen konzentriert, die Geschlechtervielfalt im Vorstand und in den Führungspositionen gewährleisten sollen – und sich dabei auf eines der 17 UN-Nachhaltigkeitsziele bezieht.

Je spezieller und spitzer die Themen, umso häufiger entwickeln die ETF-Anbieter die zugrunde liegenden Indizes gleich selbst beziehungsweise lassen einen Index bei einem der großen Anbieter exklusiv für ihren ETF berechnen.

Ein spezieller Formfaktor gilt noch mal für viele Themenindizes großer Anbieter: Sie entstehen bei näherer Betrachtung häufig gar nicht eigenständig aus dem Thema heraus. Stattdessen filtern die Anbieter lediglich relevante Unternehmen aus einem größeren Index – also beispielsweise sämtliche Unternehmen mit Bezug zur Solarindustrie aus dem US-Technologiebörsen-Index Nasdaq oder die Firmen mit der höchsten Frauenquote aus dem MSCI World. Der Themenschwerpunkt entsteht also nicht durch gezielte Auswahl von Aktien aus dem breiten Markt, sondern durch eine Bestenauslese aus einem schon vorher festgelegten Mutterindex. Manche dieser ETF investieren so beispielsweise trotz Schwerpunkt auf neuer Energie, Wasser oder ähnlichen Themen auch in Betreiber von Gas- oder Atomkraftwerken.

Themenfonds besser nur als Beimischung

Aus Perspektive von Anlegerinnen und Anlegern bieten Themenfonds eine konkrete Anlagemöglichkeit für spezielle nachhaltige Ziele. Wenn Sie einen Themenfonds kaufen möchten, sollten Sie sich aber vorher in jedem Fall mit den Details der Fondsstrategie vertraut machen, damit auch wirklich das Thema drinsteckt, das auf der Verpackung angepriesen wird.

NISCHENPRODUKTE: Außerdem sollten Sie bedenken, dass Themenfonds grundsätzlich in einer Nische aktiv sind und daher große Klumpenrisiken mit ihnen verbunden sein können.

Wegen der Klumpenrisiken eignen sich die meisten Themenfonds daher nur als kleinere Beimischung zum Depot, nicht aber als Kern- oder Basisanlage. Schließlich müssen Anlegerinnen und Anleger stets damit rechnen, dass ein thematisch eng gefasster Fonds besonders leicht Rückschläge erleiden kann, beispielsweise weil es einer Branche insgesamt gerade schlecht ergeht.

Ein aktuelles Beispiel dafür lieferten zuletzt Fonds mit einem Fokus auf Grüner Energie. So machten in den vergangenen Jahren unter anderem Probleme mit stockenden Lieferketten, lange Genehmigungszeiten, steigende Rohstoffpreise und Zinsen den Sonnen- und Windparkunternehmen besonders zu schaffen. Wer hier angelegt war, der hat äußerst schwankungsreiche und teils auch renditearme Jahre hinter sich. Das gilt auch für die zuletzt überaus beliebten ETF auf Indizes wie den S&P Global Clean Energy oder den MSCI New Energy ESG Screened, die seit dem Kriegsausbruch in der Ukraine massiv unter Druck stehen. Zugleich profitierten zuletzt konventionelle Energieunternehmen aus dem Westen von den weltweiten Krisen und Kriegen. Denn die wachsende Versorgungsunsicherheit ging mit steigender Nachfrage nach Gas und Öl aus politisch stabilen Staaten einher.

Auch das zeigt: Grüne Themenfonds sind wegen ihrer Risiken nur als Beimischung für ein gut gestreutes Depot geeignet. Und: Achten Sie darauf, ob die Fonds wirklich Nachhaltigkeitskriterien beachten.

03

Vertrauen ist gut, Rating ist besser

46 → Es ist nicht alles grün, was glänzt

51 → Nachhaltigkeit à la Finanztest

59 → Das Rating für grüne Rentenfonds

Es ist nicht alles grün, was glänzt

Die Fondsindustrie hat offensichtlich ihre grüne Ader entdeckt – sei es aus eigenem Antrieb oder auf Druck von außen. Doch parallel zum Aufstieg der grünen Fonds wächst auch die Kritik: Betreibt die Branche Greenwashing?

Manchmal muss man sich schon wundern, was so alles drinsteckt in als nachhaltig verpackten Anlageprodukten. Zum Beispiel Öl-, Gas- und Bergbauaktien: Davon gibt es immer mehr, zeigt eine neue Analyse der New Yorker Investmentbank Goldman Sachs. Manager weltweit nehmen danach immer mehr Titel in nachhaltige Fonds auf, die das ganz offenkundig nicht sind: Mitte 2024 steckte in über der Hälfte der Fonds aus der EU-Nachhaltigkeits-Kategorie Artikel 8 mindestens ein Öl- oder Gasunternehmen. Warum? Nun: Die Aktien liefern gute Performance. Und die Anbieter setzen zunehmend nicht mehr nur auf Vermeidung, sondern auf Veränderung. Sie investieren also stärker in Unternehmen, die den Übergang in eine nachhaltige Zukunft erst noch schaffen wollen.

Die Frage ist, ob sich das mit grünen Versprechen in Deckung bringen lässt, mit denen die Anbieter allzu gern werben. So sorgte die deutsche Fondsgesellschaft DWS wegen zweifelhafter Werbung in Sachen Nachhaltigkeit schon mehrfach für Schlagzeilen. BNY Mellon musste Strafen für irreführende ESG-Angaben an die US-Aufsicht SEC zahlen, genau wie Goldman Sachs. Die deutsche Finanzaufsicht Bafin will künftig besonders auf saubere Kennzeichnung nachhaltiger Fonds achten.

Tatsächlich taucht in diesen Momenten immer wieder das Wort Greenwashing auf – und das, obwohl es dafür nicht mal eine offizielle Definition gibt. Gemeinhin steht der Begriff dafür, dass Finanzprodukte oder Unternehmen sich als nachhaltiger darstellen, als sie sind. Irreführende Werbung für Fonds ist ein typisches Feld dafür. Aus Sicht der Aufsichtsbehörden stellt das ein Risiko für den Finanzmarkt dar, weshalb sie darauf achten, dass die Anbieter sich an bestimmte Vorgaben halten. Die sind beispielsweise in der Taxonomie-Verordnung und der EU-Offenlegungsverordnung hinterlegt (siehe Kapitel 1).

Die Europäische Wertpapier- und Marktaufsichtsbehörde ESMA hat inzwischen mit der Bafin Richtlinien für nachhaltige Fonds erlassen, die noch genauer beschreiben müssen, was drinsteckt, wenn im Namen ein Nachhaltigkeitswort wie „ESG", „sustainable", „grün" oder Ähnliches auftaucht. Neu ist: Mindestens 75 Prozent des Fonds müssen tatsächlich in nachhaltige Vermögensgegenstände investiert sein. Das können Aktien von Unternehmen sein, die bestimmte Umweltziele verfolgen oder größtenteils auf fossile Energieträger verzichten. Es können aber auch Green Bonds sein: Anleihen, die zur Finanzierung nachhaltiger Projekte dienen. Um Greenwashing zu verhindern, ist explizit geregelt, dass die Anbieter detailliert die Kriterien beschreiben, nach denen sie vorgehen. Allgemeine Phrasen sind unzureichend, mehr dazu auf Seite 48.

Auch bei grünen Anleihen gibt es immer wieder Diskussionen. Green Bonds sollen das geliehene Kapital ausschließlich zur Finanzierung nachhaltiger Projekte verwenden. Auch der Green-Bonds-Markt ist mit dem großen Trend zu Nachhaltigkeit in den vergangenen Jahren massiv gewachsen. Es ist ja kein schlechter Gedanke, grüne Projekte nicht nur mit Eigenkapital zu unterstützen, sondern auch mit Krediten.

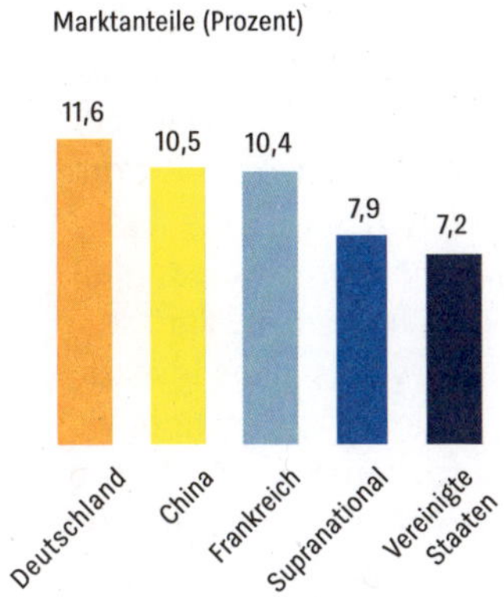

GREEN BONDS BOOMEN Tatsächlich wächst mit den Investitionen in den Umbau des Energiesektors und anderer klimarelevanter Sektoren das Angebot an Green Bonds weltweit rapide. Nach Angaben der Investmentbank Goldman Sachs hatten Green Bonds bis Mitte 2023 insgesamt über 2,3 Billionen Euro eingesammelt, fast die Hälfte davon in der EU. Deutschland ist aktuell weltweiter Spitzenreiter vor China und Frankreich.

Quelle: Goldman Sachs Asset Management, Bloomberg. Stand: Umlaufendes Vermögen in Mrd. Euro am 30. Juni 2023.

Mithilfe von Green Bonds investiert der Staat unter anderem in den öffentlichen Personenverkehr und das Schienennetz, Energieeffizienz, Forschung und Hochwasserschutz. Allerdings reicht es nicht aus, sich bei der Auswahl nachhaltiger Anleihen allein auf den verheißungsvoll klingenden Begriff „Green Bond" zu verlassen. Denn die Anleihe-Emittenten können bisher weitgehend selbst darüber entscheiden, ob sie eine Anleihe als grün betiteln. Eine Prüfinstanz oder ein präzises Regelwerk mit Kriterien fehlen. Und so begeben auch Staaten wie Katar inzwischen regelmäßig Green Bonds, selbst wenn man sich die Frage stellen kann, ob ein Staat mit durchaus zweifelhafter Menschenrechtslage sich als Herausgeber eines nachhaltigen Investments empfiehlt.

Auch an dieser Stelle sieht die EU eine Greenwashing-Gefahr und hat inzwischen reagiert. Ende 2024 tritt ein neuer europaweit geltender EU-Green-Bond-Standard in Kraft, der mehr Klarheit schaffen soll. Anleihen, die sich diesem freiwilligen Standard unterwerfen und ihre Anleihe als „EuGB" vermarkten wollen, müssen dann spezielle ökologische Nachhaltigkeitskriterien erfüllen und sich zudem regelmäßig von externen Prüfern kontrollieren lassen und darüber berichten. Die Emissionserlöse der Anleihen dürfen ohnehin ausschließlich ökologisch nachhaltigen Zwecken im Sinne der EU-Taxonomie (siehe Seite 13) dienen.

Noch mehr grüne Missverständnisse

Bei allen Fortschritten in der Regulierung bleibt das Thema Greenwashing der Branche in den kommenden Jahren sicherlich erhalten. Und das liegt nicht zuletzt auch daran, dass es immer ein Stück weit im Auge des einzelnen Betrachters liegt, ob das, was Fondsgesellschaften als nachhaltig verkaufen, dem eigenen Anspruch daran genügt. Tatsächlich sind die Ansprüche offenkundig so verschieden wie die Fonds am Markt, von denen wir einige in den kommenden Kapiteln noch näher kennenlernen werden. Mitunter kann man sogar daran zweifeln, ob diejenigen, die bei den Fondsgesellschaften selbst für das Thema Nachhaltigkeit trommeln, genügend Verständnis für die Sache aufbringen.

Anlass zur Irritation bot sich in der jüngeren Vergangenheit jedenfalls reichlich. Etwa bei Stuart Kirk. Der war im Juli 2021 bei Europas größtem Bankhaus HSBC als weltweiter Leiter für verantwortungsvolles Investieren gestartet. Weniger als ein Jahr danach war er seinen Job schon wieder los – und zwar nach einem denkwürdigen Auftritt im Mai 2022, als er auf der „Moral Money"-Konferenz der Financial Times in London einen viertelstündigen Vortrag darüber hielt, warum Investoren sich wegen des Klimawandels nicht allzu große Sorgen machen sollten. Mehr noch: Die Klimawandelwarnungen seien parteiisch, eigennützig und apokalyptisch. Institutionen wie das Intergovernmental Panel on Climate Chance (IPCC), immerhin die zentrale Organisation der Vereinten Nationen zur Erforschung des Klimawandels, seien irrelevant und die vielen Mahner vor einer Klimakatastrophe schrille Spinner. Je mehr über die Klimakatastrophe gesprochen werde, umso höher stiegen die Kurse, erklärte Kirk. Die große Aufregung rund um die Klimakatastrophe sei damit aus Sicht von Investoren mehr Chance als Bedrohung.

Daran erkennen Sie Greenwashing

Nur weil ein Fondsname oder eine Werbeunterlage besonders vielversprechend klingt, muss er noch lange nicht besonders nachhaltig sein: Denn Begriffe wie nachhaltig, verantwortlich, ethisch oder klimafreundlich sind nicht geschützt und nicht sauber definiert. Manchmal sind bloß ein paar kontroverse Branchen wie geächtete Waffen und Tabak ausgeschlossen – ethisch ist ansonsten aber alles Mögliche noch drin.

- **Eigene Siegel:** Nicht alle Siegel, Logos und Standards sind sonderlich streng. Manchmal steckt keine unabhängige Instanz dahinter, sondern bloß ein Netzwerk von Unternehmen, die sich gewissen Zielen verpflichtet haben. Manches ist auch reine Fantasie. Besser prüfen, wofür so ein Siegel stehen soll.

- **Bilder statt Fakten:** Grüne Wiesen und blauer Himmel sollen signalisieren, dass hier alles schön nachhaltig zugeht, wie bei der lila Kuh. Fehlen zu den blumigen Absichtserklärungen aber harte Nachhaltigkeitskriterien und bleiben die Fakten vage, heißt es besser: weg von der Wiese.

- **Falsche Genauigkeit:** Auf der anderen Seite gibt es Angebote, die konkrete Wirkungen benennen und dazu Diagramme oder Zahlen liefern, beispielsweise über eingesparte Tonnen CO_2. Manche Anbieter legen die Berechnungsgrundlagen nicht offen, zeigen mangelhafte Daten oder treffen methodisch zweifelhafte Annahmen. Zum Teil werden auch Schätzungen als Berechnungen verkauft. Das Kleingedruckte verrät solche Tricks.

- **Bedenkliches Hauptgeschäft:** Manche Anbieter werben groß mit einzelnen grünen Projekten, tun aber sonst wenig für Nachhaltigkeit oder finanzieren anderswo gar umweltschädliche Projekte. Ergründen Sie, ob Nachhaltigkeitsziele auch in das komplette Geschäftsmodell integriert sind.

- **Riskante Anlageprodukte**: Auch unseriöse Finanzprodukte tragen gern einen grünen Mantel. Es braucht aber keine exotischen Anlageformen, um nachhaltig zu investieren. Wer beispielsweise Geld in ein Direktinvestment in Bäume oder einen Windpark anlegen will, sollte sich besonders gut auskennen, denn solche Anlagen sind häufig besonders riskant. Nachhaltig anlegen funktioniert auch mit konventionellen Fonds.

Aus dem Mund eines Mannes, der seinem Unternehmen erklären soll, wie man verantwortlich investiert, klingt das – nun ja – zumindest mal seltsam. Kirks Geschichte endet an der Stelle allerdings noch nicht. Und das ist der Grund, weshalb er in einem Kapitel um das Greenwashing besondere Beachtung verdient, für einen Perspektivwechsel, den er wenige Wochen nach seinem Rant gegen Klimahysteriker publizierte: Unter dem Titel „ESG must be split in two" beschrieb Kirk in der Financial Times eines der vielleicht größten und folgenschwersten Missverständnisse in der ganzen Investmentindustrie.

Es geht darum, dass die Portfoliomanager oft etwas völlig anderes unter ESG verstehen als ein Investment in ethische, grüne oder nachhaltige Anlageziele. Den Anlageprofis geht es nämlich vielmehr um die „Berücksichtigung von Umwelt-, Sozial- und Governance-Aspekten bei der Bewertung der potenziellen risikobereinigten Rendite einer Anlage", schreibt Kirk.

Und das ist eben etwas völlig anderes. Auch wenn es sich dabei nicht um Greenwashing im eigentlichen Sinne handelt, lässt sich damit doch erklären, warum bei der nachhaltigen Geldanlage häufig derart unterschiedliche Erwartungen zusammentreffen: Fondsmanager verstehen die Faktoren E, S und G laut Kirk vor allem als Input-Faktoren für ihren Investitionsprozess. Übersetzt: Sie konzentrieren sich darauf bei der Auswahl ihrer Anlageziele. Danach schauen sie dann aber vor allem auf eine möglichst hohe Rendite. Kein Wunder, denn das ist ja auch das vornehmste Ziel jeder Geldanlage.

Laien aber, sagt Kirk, denken bei Wörtern wie Nachhaltigkeit und ESG in der Regel nicht zuerst an den Ertrag, sondern daran, mit ihrem Geld etwas Gutes zu tun. Die meisten zielten eben nicht oder nicht zuerst auf besonders große Ertragschancen, sondern wollen in erster Linie einen bestimmten ESG-Output erzielen, indem sie in nachhaltige Unternehmen investieren.

Am Ende hilft nur Selbstbefragung

Heißt unterm Strich: Nicht nur das immer wieder dokumentierte Greenwashing einzelner Anbieter, die mehr versprechen, als sie halten, erschwert die Auswahl der passenden Produkte für die nachhaltige Geldanlage. Selbst wenn Fonds tun, was sie sagen, betrachten sie Umweltschutz und soziales Wohlverhalten oft genug unter ganz anderen Vorzeichen als diejenigen, die sich für nachhaltige Fonds interessieren. Nur weil irgendwo Grün, Öko, ESG, SRI, SDG, Impact oder sonst etwas draufsteht, muss noch lange kein Produkt drinstecken, das den eigenen Ansprüchen genügt. Ernsthafte nachhaltige Geldanlage erfordert also eine Selbstbefragung. Was will ich erreichen? Was auf keinen Fall dulden? Womit kann ich mich arrangieren? Und was ist der Preis der besonderen Strenge bei der Nachhaltigkeit?

Nachhaltigkeit à la Finanztest

Da eine allgemeingültige Definition von Nachhaltigkeit für Fonds und ETF fehlt, hat Finanztest ein mehrstufiges Bewertungsraster entwickelt. Wie die Prüfung abläuft und wer sich die vollen fünf Punkte verdient.

Die Suche nach den passenden Produkten für eine nachhaltige Anlagestrategie ist und bleibt für Laien eine riesige Herausforderung. Denn die gesetzlichen Vorgaben sind vielfach zu weich und zu vage. Die Industrie ist sich uneins bei der Verwendung der Begriffe. Und jede Ratingagentur macht ihr eigenes Ding.

Weil Kontrolle besser ist als blindes Vertrauen, haben die Finanztest-Expertinnen und -Experten entschieden, eine eigene Entscheidungshilfe bereitzustellen. Dazu haben wir inzwischen über 1000 Aktienfonds aus den Kategorien Welt, Schwellenländer, Europa und Deutschland überprüft. Mit unserem Ansatz bewerten wir die Nachhaltigkeit der Fonds mit Gesamtnoten von 1 bis 5 Nachhaltigkeitspunkten.

Und nicht nur das: Wir zeigen auch transparent auf, wie streng das Management in bestimmen Feldern agiert oder wie genau ein ETF-Index bei der Auswahl vorgeht. Die Noten entwickeln wir in einem mehrstufigen Verfahren und berücksichtigen dabei grundsätzlich auch sämtliche in Kapitel 2 genannten Strategien für nachhaltige Fonds. So wollen wir Ihnen die Suche nach dem passenden Fonds erleichtern – denn die hängt nun einmal auch davon ab, wie streng Sie selbst als Anlegerin oder Anleger in Sachen Nachhaltigkeit unterwegs sind und was Ihnen besonders wichtig ist.

Vor Beginn der Analyse haben wir ganz grob festgelegt, welche Fonds wir uns überhaupt anschauen wollen. Bei den aktiven Fonds waren das zunächst einmal all jene, von denen die Anbieter selbst angegeben haben, es handle sich um einen nachhaltigen Fonds, beziehungsweise solche, die nach Artikel 8 oder 9 der EU-Offenlegungsverordnung als nachhaltig eingestuft waren (siehe Kapitel 1). Bei den passiven Fonds, die einen Index abbilden, kamen für den Test von vornherein nur solche Produkte infrage, die auch tatsächlich die im Index enthaltenen Aktien kaufen, also im Fachjargon den Index physisch replizieren. Ausgeschlossen von der Prüfung auf Nachhaltigkeit haben wir umkehrt sämtliche Fonds, die einen Index nur synthetisch replizieren. Der Grund ist simpel: Hierbei befinden sich ganz andere Aktien im Besitz der Anlegerinnen und Anleger, als sie der Index beinhaltet, es wird lediglich über spezielle Tauschgeschäfte, sogenannte Swaps, die Wertentwicklung des Index nachempfunden. Nachhaltige Geldanlage ist das aus unserer Sicht dann nicht, selbst wenn der Index auf Nachhaltigkeitsfaktoren schaut. Denn das Geld fließt bei synthetischen ETF ja gar nicht in die nachhaltigen Unternehmen, sondern in irgendwelche anderen.

Stufe 1: Doppelte Null-Toleranz

Nach dieser groben Vorauswahl haben wir einen ersten Blick in die Fondsdaten geworfen. Gemeinsam mit dem Prüfinstitut The Value Group und der Datenbank des Index-Weltmarktführers MSCI haben wir dabei überprüft, ob die Fonds sich an bestimmte Mindeststandards halten. Für uns heißt das: Investieren Fonds in Unternehmen, die gegen essenzielle Nachhaltigkeitskriterien verstoßen, fliegen sie aus der weiteren Analyse raus.

Im ersten Schritt identifizieren wir sehr schwere Verstöße. Für uns umfasst das jegliche Investitionen in Geschäfte mit geächteten Waffen oder Atomwaffen, hohe Investitionen in Atomkraftwerke sowie in Unternehmen, die höhere Umsätze aus Kohle und Tabak erzielen. Auch Anlagen in fossile Energiereserven, wie Ölsand, Schiefergas und Schieferöl, führen direkt zum Ausschluss. Alle Fonds, die in dieser ersten Stufe scheitern, erhalten grundsätzlich nur die niedrigste Note von einem einzigen Punkt. Anders gesagt: Wir bewerten den Grad der Nachhaltigkeit als „sehr niedrig".

Im zweiten Schritt prüfen wir das Portfolio dann auf weitere schwere Verstöße. Fonds, die hier scheitern, erhalten bloß zwei Nachhaltigkeitspunkte. Das gilt unter anderem für Fonds, die Aktien von Herstellern ziviler und konventioneller Waffen kaufen. Auch wenn die Titel in den Fonds hohe Gas- und Ölreserven einsetzen oder Umsätze mit Atomkraft, Glücksspiel, Pornografie oder grüner Gentechnik machen. Kein Weiterkommen im Test gibt es schließlich auch, wenn wir Investments in Unternehmen feststellen, die gegen die Leitlinien der OECD oder eines der UN-Global-Compact-Prinzipien verstoßen oder deren Einhaltung nicht kontrollieren. (Siehe dazu auch Seite 36.) All diese Fonds scheiden automatisch mit nur zwei von fünf Nachhaltigkeitspunkten aus dem weiteren Verfahren aus.

Stufe 2: Der Fragebogen

Beim Vorab-Screening haben wir über die Hälfte der Fonds aussortiert. Alle Anbieter von Fonds, die diese erste Stufe überstanden, bekamen dann Post von uns. In einem mehrseitigen Fragebogen mit über 100 Fragen haben wir erfasst, wie genau die Fonds funktionierten, welche Methoden sie einsetzen und welchen Vorgaben sie folgen. Unser Ziel: In einem Markt, der zwar von immer engerer Regulierung geprägt ist, aber zugleich bis heute keine einheitliche Definition nachhaltiger Fonds für Anlegerinnen und Anleger bereitstellt, wollen wir einheitliche und damit vergleichbare Kriterien für die Fondsauswahl anbieten.

Erneut haben wir uns dabei auch intensiv mit den Ausschlusskriterien befasst. Fein gegliedert und in 29 Einzelkategorien haben wir abfragt, wie es die Fonds genau halten mit fossilen Energien, Atomkraft, Umwelt- und Tierschutz, mit Korruption, Arbeits- und Menschenrechten, Waffen und weiteren zweifelhaften Geschäften von Glücksspiel bis Pornografie. Für die Nachhaltigkeitsnote waren später genau diese Ausschlusskriterien überaus relevant – nicht nur im Sinne des Umweltschutzes, sondern auch mit Blick auf soziale Themen und darauf, ob sie Unternehmen mit zweifelhaften oder kontroversen Geschäftspraktiken meiden. Geprüft haben wir außerdem, wie konsequent die Anbieter bei der Auswahl der Titel vorgehen und welche Methoden sie dazu anwenden.

Wir unterscheiden 29 Ausschlusskriterien (siehe Seite 54) jeweils in „voll erfüllt“, „eingeschränkt“ und „nicht erfüllt“. Um die volle Punktzahl zu erreichen, durfte ein Fonds nur in Unternehmen investieren, die höchstens 5 Prozent ihres Umsatzes mit Geschäften machen, die gegen Ausschlusskriterien des Fonds verstoßen. Bis zur Grenze von 10 Prozent gab es die halbe Punktzahl. Ausnahmen sind geächtete Waffen, Ölsande und Fracking sowie Tabakproduktion und Pornografie. Hier lagen unsere Grenzen bei 0 und bei 5 Prozent. Bei Umweltzerstörung, Korruption, Arbeits- und Menschenrechten kam es auf ernste und wiederholte Verstöße an.

Unsere Ausschlusskriterien

Wir unterscheiden 29 Ausschlusskriterien jeweils in „voll erfüllt", „eingeschränkt" und „nicht erfüllt". Die vollen Punkte gab es nur, wenn die Firmen im Fonds höchstens 5 Prozent ihres Umsatzes mit Geschäften machen, die gegen sie verstoßen.

1. **Kohleförderung zur Verwertung in thermischen Kraftwerken**
2. **Konventionelle Erdgasförderung**
3. **Konventionelle Ölförderung**
4. **Förderung von Ölsand, Ölschiefer und Schiefergas**
5. **Betrieb von Kohlekraftwerken**
6. **Betrieb von Erdgaskraftwerken**
7. **Betrieb von Ölkraftwerken**
8. **Kernkomponenten für Atomkraftwerke**
9. **Betrieb von Atomkraftwerken**
10. **Abbau von Uran**
11. **Genetisch veränderte Organismen in der Landwirtschaft**
12. **Massentierhaltung**
13. **Tierversuche für Kosmetik**
14. **Produktion von Palmöl**
15. **Produktion von langlebigen organischen Schadstoffen**
16. **Ernste oder wiederholte Umweltschäden**
17. **Korruption, Steuervermeidung, Geldwäsche**
18. **Arbeitsrechtsverletzungen gemäß Konventionen der Internationalen Arbeitsorganisation (ILO)**
19. **Menschenrechtsverletzungen gemäß der Vereinten Nationen (UNO)**
20. **Glücksspiel**
21. **Pornografie**
22. **Alkohol**
23. **Tabak**
24. **Kriegswaffen und Militärgüter**
25. **Handfeuerwaffen**
26. **Abgereicherte Uranmunition**
27. **Massenvernichtungswaffen**
28. **Anti-Personen-Minen**
29. **Streumunition**

Ein Beispiel: Im Ausschlusskriterium „Fossile Energien" fassen wir die Punkte 1 bis 7 zusammen. Für jedes Einzelkriterium vergeben wir bei Umsätzen bis 5 Prozent die volle, bei Umsätzen bis 10 Prozent nur noch die halbe Punktzahl. Eine Ausnahme gilt für Punkt 4 (Ölsand, Ölschiefer und Schiefergas). Hier gibt es einen vollen Punkt nur, wenn gar kein Umsatz in diesem Bereich gemacht wird. Einen halben Punkt gibt es noch bei Umsätzen von allenfalls 5 Prozent. Weil wir Kohleförderung und -verstromung stärker gewichten, liegt die maximale Punktzahl in dem Feld bei acht Punkten. Das Kriterium „Fossile Energien" gilt dann als „voll erfüllt", wenn mindestens sechs der acht Punkte erreicht sind. Ab drei Punkten ist es „eingeschränkt", darunter gar „nicht erfüllt".

Unter „Atomkraft" wiederum fassen wir die Punkte 8, 9 und 10 zusammen. Für jedes Einzelkriterium vergeben wir hier bei Umsätzen bis zu 5 Prozent je einen Punkt. Bei Umsätzen von höchstens 10 Prozent gibt es immerhin noch einen halben Punkt. Das Ausschlusskriterium „Atomkraft" gilt dann nur bei drei Punkten als „voll erfüllt". Ab einem Punkt gibt es die halbe Wertung „eingeschränkt erfüllt". Alles darunter gilt als „nicht erfüllt". Mit diesem fein abgestuften System können Anlegerinnen und Anleger auf einen Blick erkennen, auf welche Nachhaltigkeitsziele ein Fonds besondere Rücksicht nimmt und welche Themen keine Beachtung finden.

Stufe 3: Die Endnote

Für die Endnote in der Nachhaltigkeitsbewertung beziehen wir dann den gesamten Auswahlprozess der Fonds mit ein. Die Ausschlusskriterien machen dabei 50 Prozent dieser Gesamtnote aus. In die anderen 50 Prozent fließen weitere Auswahlkriterien: Hier geht es darum, welche Auswahlstrategien der Fondsanbieter verfolgt und welche Methoden er anwendet, wie streng er dann bei der Auswahl der Aktien vorgeht und ob er einen unabhängigen Nachhaltigkeitsbeirat einsetzt, der auch etwas zu sagen hat.

Unter den Auswahlkriterien unterscheiden wir nach den in Kapitel 2 bereits näher besprochenen Ansätzen folgende Methoden: „Best-in-Class" (B) und der strengere „Best-of-all-Classes" (O) als Bestenauslese über Branchen hinweg. „Absolute Auswahl" (A) für positive Screenings nach Mindestkriterien, die zum Beispiel anhand von Ratings oder Scores erhoben werden. Themenauswahl (T) nach einer selbst gewählten Kategorie wie „globale Herausforderungen", „Transformation", „Erneuerbare Energien" oder „Energieeffizienz". Sowie die reine Negativauswahl über Ausschlusskriterien (K). Wir bewerten in jedem Fall die Strenge der Auswahl schlicht nach dem Anteil an Aktien, die die Fonds während des Auswahlprozesses aussortieren: Schließen sie mindestens 75 Prozent der Titel aus, gilt die Strenge als „hoch", bei über 50 Prozent als „mittel", fällt weniger als die Hälfte der Titel durchs Raster, ist die Strenge bei der Auswahl bloß „gering". Bei der Betrachtung des unabhängigen Nachhaltigkeitsbeirats gehen wir schließlich ebenso in drei Stufen vor. Die volle Punktzahl gibt es, wenn ein solches Gremium Mitspracherechte bei der Festlegung der Nachhaltigkeitskriterien und bei der Titelauswahl hat. Hat er keine oder nur wenige Mitspracherechte, gibt es einen halben Punkt. Ohne Beirat gibt es gar keinen Punkt.

Die Bewertung für die Nachhaltigkeit folgt schließlich dem eingängigen System von eins bis fünf Punkten. Fünf Punkte stehen für „sehr hoch", vier Punkte für „hoch", drei für „mittel", zwei für „niedrig", und ein Punkt steht für „sehr niedrig".

Für die Fondsauswahl nicht unwichtig und deshalb ebenfalls in der Übersicht mit aufgeführt ist schließlich auch die langfristige finanzielle Performance. Den Anlageerfolg bewerten wir ebenfalls nach einem System von eins bis fünf Punkten, ausgehend von der zurückliegenden Rendite während der vergangenen fünf Jahre und dem Chance-Risiko-Verhältnis (siehe Seite 71).

Aktive Fonds mit hoher Nachhaltigkeit kennzeichnen wir darüber hinaus als „stabile Fonds", wenn ihr Anlageerfolg in den vergangenen zehn Jahren im Fondsrating von Finanztest nie schlechter lag als bei zwei Punkten und wenn ihre Marktnähe in dieser Zeit nie unter 70 Prozent gefallen ist, sie also vergleichsweise eng an den Vorgaben des breiten Vergleichsmarktes geblieben sind.

Bei den ETF wiederum bezeichnen wir in den Fondsgruppen jeweils einige markttypische Produkte als „1. Wahl". Dies nicht, weil wir sie wegen ihrer Strategie besonders empfehlen würden, sondern weil sie in ihrer Kategorie markttypisch investieren und damit das tun, was man von ETF erwarten kann. Sie sind im Übrigen alle in der Nachhaltigkeitsbewertung maximal mittelgrün.

Engagement und Transparenz fließen nicht in die Note ein. Wir haben aber auch das abgefragt und bewerten es separat. Unter Engagement verstehen wir, ob ein Fondsanbieter auf Hauptversammlungen der Unternehmen, an denen er beteiligt ist, seine Stimmrechte nutzt und zudem auch direkt mit den Unternehmen im Portfolio kommuniziert. Die Bewertung fiel hier umso besser aus, je intensiver die Fondsanbieter die Unternehmen kritisch begleiten und je konsequenter sie handeln und beispielsweise Aktien verkaufen, wenn der Engagement-Prozess schei-

So benoten wir nachhaltige Fonds und ETF

Ein nachhaltiger Fonds durchläuft nach einer Vorauswahl einen mehrstufigen Auswahlprozess. Unsere Bewertung stützt sich auf die verschiedenen Arbeitsschritte: Wir untersuchen Ausschlusskriterien und Auswahlmethoden.

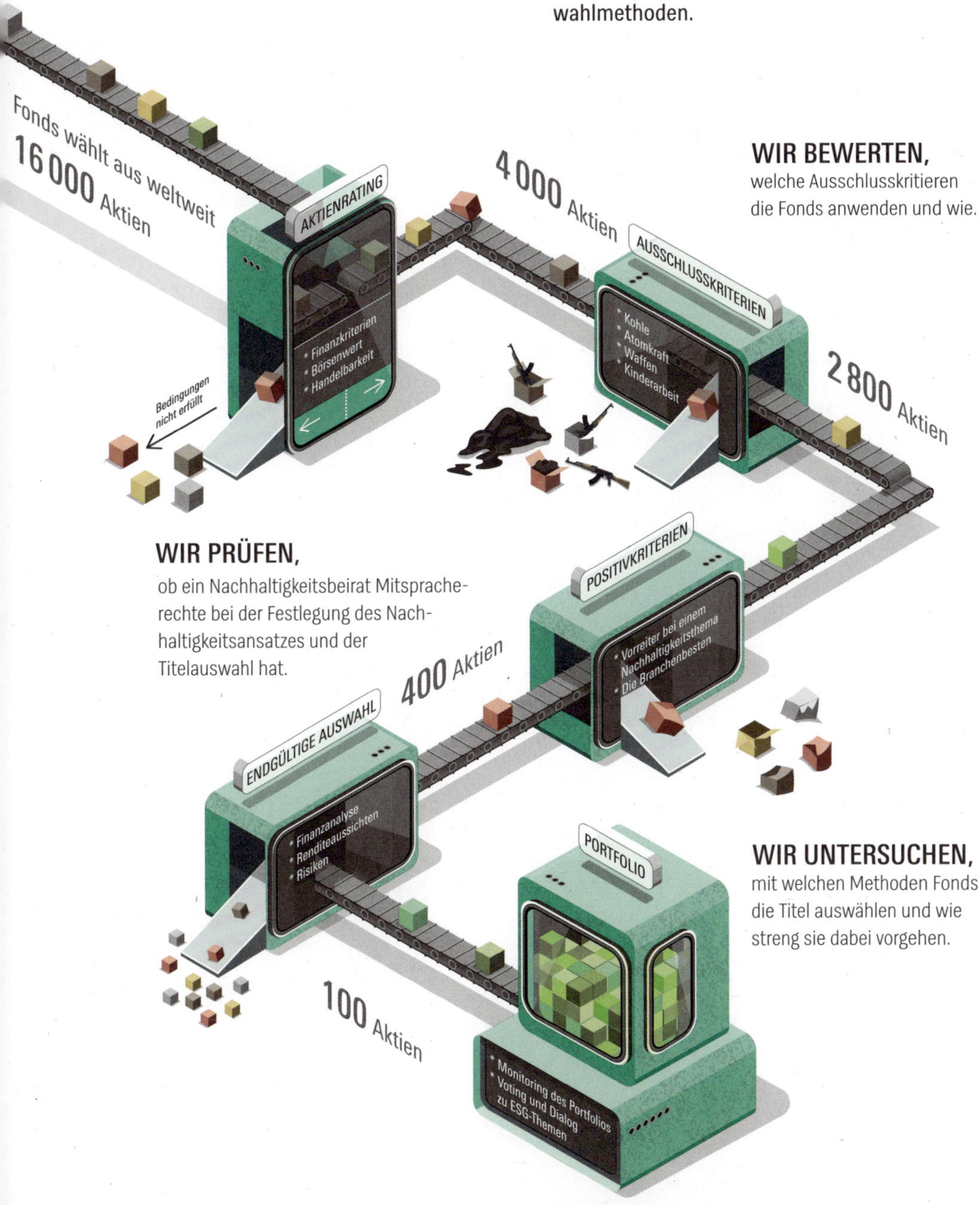

WIR BEWERTEN, welche Ausschlusskritieren die Fonds anwenden und wie.

WIR PRÜFEN, ob ein Nachhaltigkeitsbeirat Mitspracherechte bei der Festlegung des Nachhaltigkeitsansatzes und der Titelauswahl hat.

WIR UNTERSUCHEN, mit welchen Methoden Fonds die Titel auswählen und wie streng sie dabei vorgehen.

tert und ein Unternehmen bestimmte Missstände nicht abstellt. Außerdem bewerteten wir, wie gut die Anbieter über ihre Engagement-Strategie informieren. Wir müssen in diesem Punkt grundsätzlich auf die Selbsteinschätzung der Anbieter zurückgreifen, denn das Ergebnis vertraulicher Gespräche können wir naturgemäß nicht überprüfen. Beim Punkt Transparenz geht es abschließend darum, wie oft ein Anbieter sein Portfolio im Internet veröffentlicht, ob er offenlegt, welche Aktien er aus Nachhaltigkeitsgründen verkauft hat, ob er seinen Nachhaltigkeitsansatz erläutert und regelmäßig darüber berichtet.

Leider haben nicht alle Fondsgesellschaften, die wir zuletzt im Sommer 2024 angefragt haben, unsere Fragebögen auch beantwortet. Insgesamt konnten wir 133 Fonds von 46 Anbietern genauer bewerten. Die wichtigsten Anbieter nachhaltiger Produkte auf dem deutschen Markt sind beim Test dabei. 73 Fondsgesellschaften waren allerdings nicht bereit, unsere Fragen bis zum Schluss zu beantworten, darunter auch große deutsche Anbieter wie Allianz Global Investors und DWS.

Die wichtigsten Ergebnisse dieser marktbreiten und tiefen Nachhaltigkeitsanalyse finden Sie in den Tabellen im Serviceteil dieses Buches und noch ausführlicher im Internet unter test.de/fonds. Bei der Untersuchung traten drei Erkenntnisse zutage:

Erste Erkenntnis Es verdienen sich weitaus weniger Fonds viele Punkte in unserem Nachhaltigkeitsrating, als es sie ihrem Namen nach versprechen. Und ganz oben wird die Luft besonders dünn. Die volle Punktzahl von fünf Punkten haben nur elf Fonds erzielt. Bei acht Fonds konnten wir auch den Anlageerfolg bewerten, drei weitere Fonds sind dafür noch zu neu auf dem Markt und in ihrer Anlagekategorie.

Zweite Erkenntnis Umgekehrt gilt: Weil inzwischen manche Fonds ökologische oder soziale Kriterien achten, auch ohne das groß ins Schaufenster zu stellen, sind Nachhaltigkeitsfonds nicht mehr unbedingt an ihren Namen oder Zusatzkürzeln wie SRI oder ESG erkennbar. Man muss schon genau in die Anlagestrategie schauen, um zu sehen, wie nachhaltig ein Fonds wirklich ist.

Dritte Erkenntnis ETF sind bis auf ganz wenige Ausnahmen allenfalls mittelstreng bei ihren Nachhaltigkeitsbemühungen. Bloß zwei der von uns untersuchten ETF und Indexfonds haben mehr als drei von fünf Punkten erzielt.

Das Rating für grüne Rentenfonds

Als Sicherheitsbaustein für das Depot bieten sich nach dem Ende der langen Niedrigzinszeit inzwischen auch wieder Rentenfonds an. Wir haben sie auf Nachhaltigkeit geprüft.

Analog zur Analyse der Aktienfonds haben wir auch Anlageerfolg und Nachhaltigkeit ausgewählter Anleihe- oder Rentenfonds analysiert. Sie setzen anders als Aktienfonds nicht auf Unternehmensbeteiligungen, sondern investieren in festverzinsliche Wertpapiere. Anleihen sind gängige Finanzierungsinstrumente von Staaten, Banken und Unternehmen. Wer Papiere dieser Anlageklasse hält, wird nicht zum Miteigentümer, sondern zum Gläubiger und hat ein Recht auf regelmäßige Zinsen und Rückzahlung des geliehenen Kapitals am Ende der Laufzeit. Das Vorgehen bei der Analyse der grünen Rentenfonds ähnelt dem bei Aktienfonds, weist aber ein paar Besonderheiten auf. So erfordern vor allem Staatsanleihen eine zusätzliche Stufe für die Bewertung. Im ersten Schritt haben wir 121 Rentenfonds untersucht, die in deutsche und europäische Staats- und Unternehmensanleihen investieren.

Schritt 1: Das Vorabscreening

Für die Analyse sind wir im Grundsatz genauso vorgegangen wie bei den Aktienfonds: Zuerst gab es ein Vorabscreening, bei dem wir alle Fonds aussortiert haben, die mit ihrem Geld besonders schmutzige Geschäfte finanzieren. Beim Vorabscreening haben wir insgesamt 15 harte Knockout-Kriterien festgelegt. Konkret fielen beispielsweise alle Fonds durch, die Anleihen von Staaten besitzen, die dem Pariser Klimaabkommen und der Biodiversitätskonvention nicht beigetreten sind, die ein Militärbudget von mehr als 4 Prozent des Bruttoinlandsprodukts aufweisen, bei denen die Todesstrafe legal ist, die EU- oder UNO-Sanktionen unterliegen, die von der Nichtregierungsorganisation Freedom House als „nicht frei" eingestuft wurden oder bei denen hohe Korruption herrscht.

35 der von uns untersuchten Fonds scheiterten bereits an dieser Stelle. Ein prominentes Beispiel ist der ETF iShares Euro Aggregate Bond ESG

(Isin: IE00B3DKXQ41). Der Fonds hat unter anderem Staatspapiere aus den Ländern China, Indonesien und Saudi-Arabien im Portfolio, in denen landesweit die Todesstrafe gilt.

DAS SAGT DIE ISIN: Die Internationale Wertpapierkennnummer (kurz Isin für „International Securities Identification Number") ist eine zwölfstellige Kombination von Buchstaben und Zahlen, die im Jahr 2000 weltweit eingeführt wurde. Damit lassen sich Wertpapiere sowie Fonds global eindeutig zuordnen. Die ersten beiden Stellen der Isin sind übrigens ein Ländercode, die letzte Stelle ist eine Prüfziffer. In Deutschland ist neben der Isin weiterhin auch die rein nationale Wertpapierkennnummer WKN in Gebrauch. Die sechs WKN-Ziffern entsprechen der sechsten bis elften Ziffer der deutschen Isin.

Es ist übrigens nicht ungewöhnlich, dass auch Papiere von Nicht-Euroländern im Portfolio von Fonds landen, die eigentlich einen Fokus auf Euro-Staatsanleihen setzen. Solange alle Anleihen im Fonds in Euro notiert sind oder, soweit es sich um Fremdwährungsanleihen handelt, in Euro abgesichert sind, ist das für uns auch akzeptabel. Die Fonds sollten aber überwiegend Papiere von Ländern mit guter Bonität kaufen und Anleihen von Staaten, deren Kreditwürdigkeit nicht als gut oder sehr gut eingestuft ist, allenfalls zu einem geringen Anteil beimischen.

Schritt 2: Der Fragebogen

Die Anbieter aller Fonds, die unsere Mindesthürde überwunden haben, bekamen im zweiten Schritt Post mit einem ausführlichen Fragebogen. Damit haben wir auch hier systematisch erhoben, welche Ausschluss- und Positivkriterien die Fonds ihrerseits bei der Wahl der Anlageobjekte beachten, bei Staaten genauso wie bei Unternehmen. Je nach Strenge, Art und Umfang der Auswahl haben wir auch dafür Punkte vergeben beziehungsweise überprüft, ob die Fonds bestimmte Kriterien aus unserer Sicht voll, teilweise oder gar nicht erfüllen.

Beispiel Atomkraft: Hier geht es um den Ausschluss von Staaten, die Kernkraftwerke betreiben oder neu bauen. Der Ausschluss gilt als voll erfüllt bei Staaten ohne Kernkraftwerke sowie bei Staaten, in denen Kernenergie im Durchschnitt der vergangenen drei Jahre höchstens 10 Prozent zur Gesamtstromerzeugung beigetragen hat. Das Kriterium ist eingeschränkt erfüllt, wenn der Anteil der Kernenergie an der Gesamtstromerzeugung nicht mehr als 40 Prozent beträgt. Und auch Staaten, in denen keine neuen Kraftwerke gebaut oder geplant werden, erfüllen das Ausschlusskriterium teilweise.

> **NICHT ALLE AUSSCHLÜSSE SIND DER REDE WERT: Wir berücksichtigen nicht nur explizite Ausschlüsse, sondern auch implizite. Bei Fonds, die nur in Staatsanleihen aus der Eurozone oder in Deutschland investieren, nehmen wir an, dass Ausschlusskriterien zu all jenen schmutzigen Praktiken automatisch erfüllt sind, wenn diese in den europäischen Ländern schlicht nicht vorkommen. Das gilt selbst dann, wenn sie im ESG-Ansatz des Anbieters nicht konkret benannt werden. Manche Ausschlussfragen stellen sich in Europa schlicht grundsätzlich nicht.**

Bei den Unternehmensanleihen haben wir analog zum Aktienfondsvergleich eine Liste mit den bereits erwähnten 29 Ausschlusskriterien abgeprüft, vom Betrieb von Kohlekraftwerken bis zum Glücksspiel. Um in diesem Bereich die volle Punktzahl zu erreichen, durfte ein Fonds nur in Unternehmen investieren, die höchstens 5 Prozent ihres Umsatzes mit Geschäften machen, die gegen eines der Ausschlusskriterien verstoßen. Bis zur Grenze von 10 Prozent gab es die halbe Punktzahl. Ausnahmen sind geächtete Waffen, Ölsande und Fracking sowie Tabakproduktion und Pornografie. Hier lagen unsere Grenzen bei 0 und bei 5 Prozent. Bei Umweltzerstörung, Korruption, Arbeits- und Menschenrechten kam es auf ernste und wiederholte Verstöße an.

Darüber hinaus haben wir auch den Umgang mit sogenannten Green Bonds abgefragt, also den oben bereits genannten speziellen Anleihen für Klima- und Umweltprojekte. Hier haben wir den Anteil solcher Bonds am Portfolio bewertet und nach Mindeststandards und unabhängigen Gutachten gefragt. Achtung: Wie oben erwähnt, können auch weniger nachhaltige Staaten und Unternehmen Green Bonds ausgeben. Besonders strenge Rentenfonds sollten daher keine Green Bonds nicht grüner Emittenten kaufen. Die meisten von uns überprüften Fonds haben in diesem Punkt nur mittel oder niedrig abgeschnitten.

Lediglich drei explizite Green-Bond-Fonds haben wir besser bewertet. Weil diese aber erst weniger als fünf Jahre am Markt sind, lässt sich der Anlageerfolg noch nicht vernünftig bewerten. Die drei Fonds, die in Zukunft einen näheren Blick wert sein werden, sind der Amundi Euro Government Green Bond (LU2356220926), der Oddo BHF Green Bond

(DE0008478082) und der Xtrackers Eurozone Government Green Bond (LU2504532487). Sie sind vergleichsweise streng bei der Green-Bond-Auswahl. Ob auch die Rendite stimmt, muss sich erst noch zeigen.

Ebenso bewertet haben wir schließlich, ob die Fonds sich dem Urteil eines Nachhaltigkeitsbeirats mit unabhängigen Experten stellen. Und wir haben uns dann noch angeschaut, wie transparent die Fonds sich im Internet geben.

Schritt 3: Der Ländervergleich

Im dritten Schritt kommt bei der Analyse der Rentenfonds eine Besonderheit hinzu: Die untersuchten Produkte investieren hauptsächlich in Staatsanleihen. Deshalb stellt sich aus unserer Sicht die Frage, wie es um die Nachhaltigkeit der Länder bestellt ist, die Anlegerinnen und Anleger mit ihrem Geld finanzieren. Hierbei wollen wir uns nicht allein auf die Angaben der Anbieter verlassen und haben ein eigenes Länderrating erstellt. Die grüne Gesamtnote für Staatsanleihen ergibt sich also aus den staatsspezifischen Ausschlusskriterien der einzelnen Fonds und unserem eigenen Länderrating.

Für insgesamt 216 Staaten und Regionen haben wir je 58 Indikatoren aus den Bereichen Umwelt, Soziales und Staatsführung erfasst. Daraus entstanden sind Einzelratings zu den drei Nachhaltigkeitsfeldern E, S und G und eine Gesamtpunktzahl pro Staat. In die Noten für Umweltbelange fließen beispielsweise die CO_2-Emissionen des Landes ein, aber auch die Nutzung von Atomenergie. Im Feld der sozialen Nachhaltigkeit überprüfen wir unter anderen Geschlechtergerechtigkeit, Bildungswesen, Arbeitsrechte und Lebens- und Sozialstandards. Im Bereich Governance befassen wir uns mit der Staatsführung. Hier geht es unter anderem um Freiheitsrechte und Demokratie, aber auch um Militärausgaben und Korruption.

Deutschland liegt mit 80 von 100 möglichen Punkten im Gesamtranking nur knapp hinter den Spitzenreitern Dänemark und Finnland mit je 82 Punkten und Luxemburg mit 81 Punkten. Die Europäische Union insgesamt erzielt ebenfalls gute 77 Punkte. Weniger gut abgeschnitten haben beispielsweise die USA (63 Punkte), was unter anderem an der Todesstrafe liegt. Zu absoluten Spitzennoten reicht es übrigens bisher nur im Feld Klimaschutz. Bei allen anderen Kriterien hat die gesamte internationale Staatengemeinschaft noch Luft nach oben.

Nachhaltigkeit im Ländervergleich

Finanztest hat die Nachhaltigkeit von 216 Staaten und Regionen weltweit überprüft und aus insgesamt 58 Indikatoren ein Rating erstellt. Die Tabelle zeigt einen Ausschnitt mit Ergebnissen der wichtigsten EU-Länder, die Anleihen begeben, und weiterer großer Anbieter auf dem Staatsanleihenmarkt.

	E-Score (Umweltbelange)	S-Score (Soziales)	G-Score (Staatsführung)	ESG Länderrating
Dänemark	82	82	82	82
Finnland	82	83	80	82
Deutschland	79	81	79	80
Estland	86	78	76	80
Niederlande	80	80	78	80
Schweiz	78	80	82	80
Österreich	82	78	77	79
Spanien	82	79	73	78
Europäische Union	77	79	76	77
Frankreich	73	79	76	76
Großbritannien	75	77	76	76
Italien	78	78	73	76
Japan	72	68	77	72
USA	56	61	72	63

04

Nachhaltige Anlagestrategien mit Fonds

65 → Vom Dreieck zum Viereck

68 → Nachhaltigkeit für Faule: Das Pantoffel-Portfolio

73 → Stabile nachhaltige Aktienfonds

76 → Portfoliostrategie 2.0

Vom Dreieck zum Viereck

Bei der Geldanlage gilt es stets, die Balance zwischen unterschiedlichen Zielen zu finden. Als entscheidender Faktor für den Erfolg entpuppt sich dabei die Zeit. Wie Sie nachhaltige und finanzielle Ansprüche in Deckung bringen.

Wir haben es schon auf den ersten Seiten dieses Buches gesehen: Nachhaltigkeit war für den finanziellen Erfolg einer Geldanlage in den vergangenen Jahren kein Hindernis – aber auch keine besondere Hilfe. Womöglich waren nachhaltige Kriterien bei der Anlagestrategie für die Rendite schlicht egal, jedenfalls kann man mit Blick in die Daten der Vergangenheit zu diesem Urteil kommen. Bloß: Was hat das eigentlich zu bedeuten?

Einerseits wenig. Denn Daten der Vergangenheit sagen per se gar nicht allzu viel darüber aus, wie die Zukunft wird. Wie wir an vielen Ecken gesehen haben, ist es gar nicht so leicht, den richtigen Vergleichsmaßstab zu finden – denn was heißt schon „nachhaltig"? Und je nachdem, was man da so vergleicht, kommen halt andere Ergebnisse raus. Schließlich – auch das war bereits Thema – sprechen durchaus ein paar Überlegungen dafür, dass sich eine nachhaltige Unternehmensführung künftig als recht vorteilhaft erweisen könnte, während dort, wo man sich weniger mit der Zukunft befasst, wirtschaftliche Einbußen drohen könnten. Ob und in welchem Maße sich das alles auf die Kursentwicklung auswirkt, das steht nun aber wirklich in den Sternen.

Andererseits bedeutet es eine ganze Menge, zu wissen, dass Nachhaltigkeit zumindest mal keinen unmittelbar negativen Einfluss auf die finanziellen Ziele einer Geldanlage hat. Denn das heißt: Nur weil meine Anlage grün sein soll, muss ich nicht auf Rendite verzichten. Warum ist das wichtig? Weil es bei der Entwicklung einer individuellen Anlagestrategie in der Regel nicht bloß darum geht, Gutes zu tun – sondern weil teils widerstreitende Interessen in Ausgleich oder Einklang zu bringen sind. Dazu gehören neben der Nachhaltigkeit gemeinhin auch die drei klassischen Geldanlagefaktoren Sicherheit, Liquidität und Rentabilität.

Die drei Aspekte stehen wie die Ecken eines Dreiecks für Anlageziele, die sich nur schwer alle gleichermaßen erfüllen lassen. Wer die Rendite optimiert, zahlt mit dem Preis höherer Schwankungen, die auf Kosten der Sicherheit bei der Geldanlage gehen. Wer stets flüssig sein, also auf sein Geld zugreifen können will, muss Abstriche machen, weil manche Anlageformen von vornherein ausscheiden, etwa Immobilienanlagen. Und wer nicht erträgt, dass ein Portfolio zwischenzeitlich auch einmal ins Minus rutscht, der muss auf Anlagemöglichkeiten verzichten, die höheren Schwankungen ausgesetzt sind.

KEIN RENDITEVERZICHT Nicht alle sind nach einer Umfrage des Deutschen Instituts für Vermögensbildung und Alterssicherung (DIVA) bereit, auf Rendite verzichten, um die Geldanlage nachhaltiger zu gestalten. Die Befragung zeigt auch: Bei der langfristigen Geldanlage geht es den Menschen in erster Linie um Sicherheit (43 % sagen, das ist der wichtigste Faktor). Es folgen Rentabilität (30 %) und Liquidität (17 %). Das Motiv Nachhaltigkeit landet mit 10 % auf dem letzten Rang. Jüngeren ist das Thema allerdings deutlich wichtiger.

Quelle: DIVA-Tandemumfrage 2023/24

Die drei Faktoren Ertrag, Risiko und Verfügbarkeit sind also maßgeblich für die Portfoliostrategie – und Nachhaltigkeit steht je nach Betrachtungswinkel im Zentrum dieses Anlagedreiecks oder bildet den Rahmen drum herum. Die häufigen Darstellungen eines „Vierecks der Geldanlage", in dem das Thema Nachhaltigkeit eine der vier Ecken besetzt, scheint dagegen mit Blick auf die Datenlage ungeeignet. Auch die Fondsindustrie spricht heute in der Regel von „ESG-Integration", was letztlich nichts anderes bedeutet, als dass es sich hier eben nicht um einen Faktor unter vielen handelt, sondern dass die Anlagestrategie grundsätzlich unter bestimmten Rahmenbedingungen stattfindet – man könnte auch sagen: von diesen Rahmenbedingungen eingeschränkt wird. Denn genau darum geht es beim breiten Nachhaltigkeitstrend in erster Linie. Man will Umweltsünder und Unternehmen mit zwielichtigem Geschäftsgebaren meiden – und beim Rest dann mit dem fortfahren, was eigentlich bei der Kapitalanlage im Zentrum steht: Risiko, Rendite und Liquidität managen. Die Zahl der Produkte, die mit ihrem Geld eine eigenständige und messbare nachhaltige Wirkung, sprich den berühmten „Impact", erzeugen wollen, ist jedenfalls begrenzt. Es handelt sich bis heute eher um Nischenprodukte.

Impact-Fonds und das Klumpenrisiko

Auf einen Umstand sei hier zudem noch verwiesen: Impact-Fonds sind ähnlich wie spitz positionierte Themenfonds (siehe Kapitel 3), die sich speziellen Fragen wie dem sauberen Wasser oder der Mobilität der Zukunft widmen, tatsächlich auch mit Blick auf eine ausgewogene Anlagestrategie zu Recht reine Nischentitel. Denn unabhängig von der Frage, ob und wie gut sie ihre Ziele tatsächlich erreichen und woran sich der Erfolg oder Impact eigentlich bemisst, haben sie eines gemeinsam: Die Enge des Themas und die Strenge der Auswahl schränken das investierbare Universum so sehr ein, dass Anlegerinnen und Anleger Gefahr laufen, ein großes Klumpenrisiko einzugehen, wenn sie die Fonds für mehr einsetzen als eine kleine Beimischung.

Zuletzt war das gut zu erleben bei Fonds zum Thema Neue Energie. Die Kurse der Wind- und Solarenergieunternehmen gerieten in den vergangenen Jahren aus diversen Gründen unter Druck. Zinsanstiege, Kostensteigerungen und die weltpolitisch unsichere Lage erschwerten den Anbietern das Geschäft. Ein breiter angelegter Nachhaltigkeitsfonds konnte Verluste wenigstens teilweise ausgleichen, durch die Anlage in andere Branchen und Sektoren. Fonds aber, die ausschließlich auf erneuerbare Energie setzen, hatten dazu keine Chance. Sie waren der Unbill der allgemeinen Lage in der Branche ausgeliefert.

Wer sich also unter nachhaltiger Geldanlage vor allem vorstellt, den Umweltschutz oder die Energiewende voranzubringen, riskiert, dass dieses Moralverständnis zum Klumpenrisiko mutiert. Wer sich dagegen nur locker mit ein paar Ausschlüssen der schlimmsten Sünder im Anlagedepot entledigt, hat am Ende kaum andere Titel im Depot als ein konventioneller Investor – und riskiert also, dass die Geldanlage allenfalls hellgrün angestrichen bleibt.

Letztlich ist und bleibt es eine Abwägungsentscheidung: Setze ich Nachhaltigkeit ins Zentrum meines Anlagedreiecks und mache sie sozusagen zum Herzen meines Portfolios, selbst wenn mich die Wahl Rendite kosten kann? Oder reicht mir ein gewisses Wohlverhalten, damit meine Geldanlage möglichst wenigen schadet – nicht der Umwelt, nicht sozial Schwachen und nicht der Moral im Wirtschaftsleben?

Nachhaltigkeit für Faule: Das Pantoffel-Portfolio

Nicht jeder hat die Lust, das Händchen oder die Zeit, sich intensiv mit Anlagezielen, Strategien und Portfoliotheorien zu befassen. Die Pantoffel-Strategie ebnet den einfachen Weg zum nachhaltigen Fondsdepot.

Die Expertinnen und Experten von Finanztest haben ein Ziel: Geldanlage einfach machen – und erfolgreich. Dafür haben wir extra ein Konzept entwickelt, das sich für solche Anlegerinnen und Anleger eignet, die ihr Geld breit gestreut anlegen und auskömmliche Renditen erzielen wollen, zugleich auf Nachhaltigkeit achten – und wenig Arbeit damit haben möchten. Es ist das „Nachhaltige Pantoffel-Portfolio" – und heißt so, weil es so einfach und bequem ist. Der Clou: Weil es grundsätzlich einen Sicherheits- und einen Renditebaustein kombiniert, lässt es sich hervorragend für die meisten Anlagestrategien einsetzen. Je nach eigener Risikoneigung, Risikotragfähigkeit und Anlagedauer lassen sich die beiden Bausteine in unterschiedlichen Anteilen kombinieren, für mehr Rendite oder weniger Risiko. Mit Leben gefüllt wird dieses grundlegende Anlagekonzept dann durch nachhaltige Produkte.

Jedes Pantoffel-Portfolio besteht zunächst aus breit gestreuten Aktienfonds und Zinsanlagen. Anlegerinnen und Anleger, die es umsetzen wollen, benötigen dafür lediglich ein Wertpapierdepot bei einer Bank und gegebenenfalls ein Tagesgeldkonto (siehe Kapitel 7). Sie können das Pantoffel-Portfolio als Sparplan umsetzen, also regelmäßig eine feste Summe in die Fonds einzahlen. Oder, um einmalig eine größere Summe anzulegen, etwa nach einer Erbschaft oder wenn aus anderen Gründen gerade Geld übrig ist. Auch ein Auszahlplan für eine regelmäßige Zusatzrente im Alter lässt sich mit dem Portfolio gestalten. Dabei ist so ein Pantoffel-Portfolio äußerst pflegeleicht.

Sind die Bausteine erst einmal ausgewählt, können Anlegerinnen und Anleger sie die ganze Zeit behalten oder auch jederzeit an den ursprünglich gewünschten Stand oder an neu entwickelte Ziele anpassen. Einmal im Jahr ist es Zeit für einen Depotcheck. Hier hilft ein spezieller, online verfügbarer Vergleichsrechner, Inhalt und Ziele zu überprüfen und gegebenenfalls nachzusteuern (test.de/pantoffelmethode).

Denn die Anteile von Zins- und Renditebaustein verändern sich im Lauf der Zeit von ganz allein. Wenn beispielsweise die Aktienmärkte sehr gut laufen, steigt automatisch der Wert der Aktienfonds im Depot, während der Anteil des Zinsbausteins am gesamten Portfolio sinkt. Wer das auf Dauer laufen lässt, hat irgendwann einen deutlich höheren Aktienanteil, die Anlagestrategie gerät damit nach und nach aus dem Gleichgewicht. Daher ist es klug, bei der jährlichen Inspektion so viele Anteile auf der einen Seite zu verkaufen und auf der anderen Seite aufzustocken, dass die Gewichtung wieder stimmt.

Ein solcher Eingriff kostet immer etwas Geld, weil Kauf und Verkauf mit Gebühren belastet sind. Deshalb ist es sinnvoll, erst dann zu handeln, wenn die Mischung um mehr als zehn Prozentpunkte vom Soll abweicht. Soll der Aktienanteil also bei 50 Prozent liegen, ist ein Eingriff angezeigt, sobald er unter 40 Prozent fällt oder über 60 Prozent steigt. Wer häufiger oder schneller umschichtet, produziert bloß unnötige Kosten und gewinnt nur wenig hinzu. Sparplansparer müssen sogar gar nicht in den Bestand eingreifen. Hier reicht es schon, die folgenden Sparraten so lange umzuschichten, bis die Balance wiederhergestellt ist.

Der Charme an diesem Vorgehen: Wer so handelt, kauft automatisch antizyklisch. Das bedeutet: Sind Aktien gerade günstig, kauft man mehr Fondsanteile zu, sind sie teuer, verkauft man mit Gewinn.

Der Anlegertypus bestimmt die Gewichtung

Die Grundidee hinter dem Pantoffel-Portfolio ist dabei so einfach wie effektiv. Denn wer langfristig sparen will, braucht letztlich bloß drei Dinge: einen Aktienfonds für die Rendite, Zinsanlagen für die Sicherheit und eine gute Portion Ausdauer, um Zinseszinseffekte zu nutzen und kurzfristige Schwankungen abzuwettern. Die Frage, die nun als Nächstes zu beantworten ist, um ein persönliches Pantoffel-Portfolio aufzubauen, lautet: Wie verteilt man sein Geld auf die beiden Anlageklassen Aktienfonds (Renditebaustein) und Zinsanlagen (Sicherheitsbaustein)?

Hier kommt nun der Unterschied zwischen Anlegertypen zum Tragen. Um auch das ganz einfach zu halten, konzentrieren wir uns auf drei Fälle: Offensive Anlegerinnen und Anleger, also solche, die mehr Risiken eingehen können und wollen, rechnen mit 75 Prozent Aktienanteil und 25 Prozent Zinsanlagen. Ausgewogene Anlagestrategen teilen das Geld 50:50

auf. Vorsichtige nutzen den defensiven Pantoffel mit 25 Prozent Aktien und 75 Prozent Zinsanlagen.

Die richtige Mischung hängt dabei nicht nur von eigenen Ansprüchen und Ängsten ab, sondern auch vom Anlagezeitraum: Auf Sicht von 30 Jahren ist es beispielsweise sinnvoll, einen höheren Aktienanteil zu wählen, um Renditechancen zu nutzen. Denn die meisten Schwankungen und auch zwischenzeitliche Rücksetzer bei den Kursen gleichen sich über so lange Zeiträume betrachtet in aller Regel wieder aus.

Sicherheit und Rendite: Zwei Bausteine reichen aus

Zunächst ein paar Worte zum Sicherheitsbaustein im Pantoffel-Portfolio: Hier rechnen wir standardmäßig mit Renten-ETF, die bestückt sind mit Euro-Staats- und Unternehmensanleihen. Wer in seine Pantoffeln schlüpft, will es sich schließlich bequem machen. Dazu bietet sich ein preiswerter und breit angelegter nachhaltiger ETF an – konkrete Vorschläge gibt es in Kapitel 5 (ab Seite 104, im Serviceteil ab Seite 150).

PANTOFFEL-STRATEGIE: Zwei Bausteine, renditestarke Aktien-ETF und sichere Zinsanlagen, bilden das Pantoffel-Portfolio. Je nach Risikotyp unterscheiden wir drei Pantoffel-Arten. Die defensive Variante besteht aus 75 Prozent Zinsanlagen und 25 Prozent Aktien-ETF. In der ausgewogenen Variante sind Aktien- und Zinsanlagen gleich stark gewichtet. Die offensive Variante setzt sich aus 75 Prozent Aktienanteil und 25 Prozent Zinsanteil zusammen.

Alternativ kommt für den Sicherheitsbaustein aber auch Tages- oder Festgeld ethischer Banken infrage. Der Vorteil von Rentenfonds ist, dass man sie lange behalten und jederzeit verkaufen kann. So müssen Anlegerinnen und Anleger nicht aktuellen Tagesgeldschnäppchen hinterherjagen und sich nicht um die Wiederanlage fälliger Festgelder kümmern. Der Nachteil ist, dass die Kurse schwanken und es zeitweise auch Verluste geben kann. Das ist bei Tages- und Festgeld nicht der Fall.

Es kommt auch darauf an, wie nachhaltig die Anlage sein soll. Die Anlage in Staatsanleihen hat auch umstrittene Aspekte, zum Beispiel Rüstungsgeschäfte. Das Hauptgeschäft ethischer Banken ist es dagegen, Spareinlagen als Firmenkredite auszureichen. Rüstungsgeschäfte sind hier ausgeschlossen. Mehr Infos über ethische Banken lesen Sie im Kapitel 7 ab Seite 138.

Nun zum Renditebaustein: Auch hier empfiehlt sich für Bequeme aus dieser Sicht ein ETF, also ein börsennotierter Fonds, der einem Index folgt. Für unser nachhaltiges Welt-Pantoffel-Portfolio greifen wir daher zu einem weltweit investierten ETF, zum Beispiel auf den Index „MSCI World SRI 5% Issuer Capped“. Das ist ein Abkömmling des großen MSCI World Index, der nur Kurse von Unternehmen verfolgt, die sich im Vergleich zum Rest des Feldes als besonders verantwortlich erweisen. Details zum Index und zu unseren 1.-Wahl-ETF, mit denen sich die Pantoffel-Strategie konkret umsetzen lässt, finden sich in Kapitel 5. Einschränkend ist hier zu erwähnen, dass diese ETF insgesamt nur ein mittleres Nachhaltigkeitsniveau erreichen. Wer strengere Fonds sucht, muss also aktiv verwalteten Produkte wählen.

Eine gute Nachricht für alle, die es sich einfach machen wollen: Der Aufbau eines nachhaltigen Pantoffel-Portfolios war in den vergangenen Jahren keineswegs mit finanziellen Einbußen verbunden. Im Gegenteil. Im Vergleich zu den klassischen Pantoffel-Portfolios, bei denen jeweils ein ETF auf den MSCI-Index als Renditebaustein zum Einsatz kommt, standen nachhaltige Portfolios mit den entsprechenden SRI-Indizes in den vergangen zehn Jahren fast immer besser da (siehe Grafik auf der folgenden Seite). Und das nicht nur in Bezug auf die Rendite, sondern auch bei der Chance-Risiko-Zahl, die anzeigt, wie sich konkret ausgewählte ETF im Vergleich zum jeweiligen Referenzindex geschlagen haben. Hier können sich im Alltag immer wieder einmal kleinere Abweichungen ergeben, zumal es mehrere Varianten des SRI-Index als ETF gibt. Liegt die Chance-Risiko-Zahl bei genau 100, dann waren Index und ETF gleichauf. Bei größeren Werten war der Fonds sogar besser.

Mit Blick auf die Länge und Tiefe von Verlustphasen unterscheiden sich die Portfolios kaum voneinander. Heißt unterm Strich: Wer sich ein nachhaltiges Pantoffel-Portfolio aufbaut, hatte in den vergangenen Jahren keine Renditeeinbußen gegenüber dem herkömmlichen Pantoffel zu erleiden.

Der nachhaltige Welt-Pantoffel

Die Renditen der nachhaltigen Welt-Pantoffel-Portfolios („SRI Welt") können sich sehen lassen. Langfristig haben sie besser abgeschnitten als ihre herkömmlichen Pendants („Welt"). Zu Ende Juli 2024 lagen konventionelle Depots nur bei der Einjahresrendite vorn.

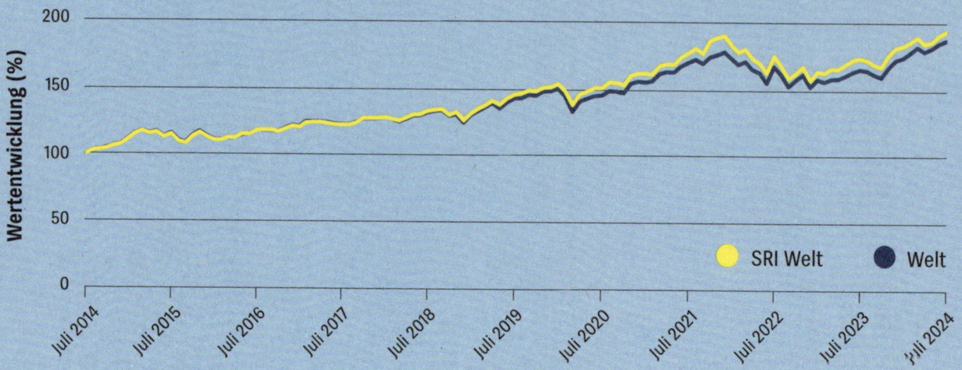

Pantoffel-Portfolio	Chance-Risiko-Zahl (%)		Rendite (% p.a.)			Max. Verlust (%)	Längste Verlustphase (Jahre)	Anpassungen (Anzahl)
	10 Jahre	5 Jahre	10 Jahre	5 Jahre	1 Jahr			
Risikoprofil: Sicherheit								
Euro-Anleihen	97	97	0,3	−2,5	4,8	−20	3,6	0
Risikoprofil: Defensiv								
SRI Welt	100	103	3,7	1,9	8,0	−17	2,6	2
Welt	98	102	3,6	1,7	8,8	−16	2,6	2
Risikoprofil: Ausgewogen								
SRI Welt	99	101	6,8	6,0	11,0	−17	2,4	2
Welt	97	100	6,5	5,5	12,7	−15	2,2	2
Risikoprofil: Offensiv								
SRI Welt	99	100	10,0	10,0	14,0	−17	2,0	1
Welt	97	99	9,4	9,5	16,5	−17	1,9	1
Risikoprofil: Rendite								
SRI Welt	99	98	12,6	13,4	16,9	−17	1,9	0
Welt	97	98	11,9	12,6	20,2	−20	1,5	0

Stabile nachhaltige Aktienfonds

Wer streng nachhaltig anlegen will, kommt um aktiv gemanagte Fonds nicht herum. Doch die strengen Nachhaltigkeitsfonds schnitten in puncto Rendite teilweise weniger gut ab. Daher hat Finanztest Fonds mit hoher Nachhaltigkeit und stabilem Anlageerfolg ausgefiltert.

Neue Anlageziele erfordern neue Antworten bei der Analyse: In unserem aufwendigen Bewertungsverfahren für nachhaltige Fonds hat sich herausgestellt, dass ETF in der Regel allenfalls mittelgrüne Ergebnisse erzielen. Deshalb sind Anlegerinnen und Anleger, die höhere Ansprüche an Nachhaltigkeit stellen, auf aktives Fondsmanagement angewiesen. Beim flüchtigen Blick ins Fondsregal ist das Angebot riesig, bei näherer Betrachtung schrumpft es zusehends zusammen. Und unter den strengen Augen unserer eigenen Nachhaltigkeitsanalyse reduziert sich die Liste im Bereich der Vier- und Fünf-Punkte-Wertungen (Nachhaltigkeit „hoch" bis „sehr hoch") aus einer Grundgesamtheit von über 1000 Fonds auf gerade noch mal 22.

Unter diesen Fonds wiederum sind aber nicht alle gleichermaßen erfolgreich. Der Fünf-Punkte-Fonds Ökoworld Ökovision Classic beispielsweise verfolgt eines der strengsten und damit überzeugendsten Nachhaltigkeitskonzepte im ganzen Fondsuniversum. Bloß erzielt der Fonds beim Anlageerfolg derzeit nur die schwächste Wertung, also einen einzigen von fünf Punkten. Auch der in Sachen Nachhaltigkeit sehr hoch bewertete GLS Bank Aktienfonds sowie diverse am Global-Challenges-Index orientierte Fonds schnitten beim Vergleich zu Ende Juli 2024 in Bezug auf den Anlageerfolg sehr schwach ab.

Wir haben deshalb für eine auch unter Renditegesichtspunkten nachhaltige Geldanlage eine zusätzliche Auswahlliste erstellt. Unter allen Fonds mit fünf und vier Nachhaltigkeitspunkten haben wir diejenigen herausgefiltert, die in den vergangenen fünf Jahren in der traditionellen Finanztest-Bewertung über den Anlageerfolg auch immer zwei Punkte oder mehr erzielt haben. Das bedeutet: Das Chance-Risiko-Verhältnis

Quelle: LSEG, eigene Simulationen. Stand: 31. Juli 2024

des Fonds im Vergleich zum Referenzindex darf nicht miserabel sein, sondern muss gewissen Standards genügen.

Gleichzeitig haben wir noch eigenwillige Konzepte herausgefiltert, bei denen das Fondsmanagement sich teilweise stark von der allgemeinen Marktentwicklung entfernt. Solche Fonds müssen nicht schlechter sein, aber sie schwanken meist stärker beim Anlageerfolg. Anlegerinnen und Anleger sollten sich dann also besonders intensiv mit dem beschäftigen, was sie da eigentlich im Portfolio haben – und zudem sollten sie die gewählten Produkte eher als eine Beimischung einsetzen. Um solchen Überraschungen durch eigenwillige Konzepte aus dem Weg zu gehen, haben wir nur solche Fonds herausgesucht, die in den vergangenen Jahren mindestens 70 Prozent Marktnähe aufwiesen, gemessen an der von uns berechneten gleichnamigen Kennziffer, die die Zusammensetzung des Fondsportfolios mit der seiner Benchmark, also einem passenden breiten Marktindex, vergleicht.

Stabile besonders nachhaltige Fonds Fonds, die unsere Renditeanforderung (mindestens zwei Punkte über fünf Jahre) und die Marktnähe (mindestens 70 Prozent über fünf Jahre) ebenso erfüllen wie die Vier- oder Fünf-Punkte-Nachhaltigkeitsbewertung, nennen wir stabile Fonds mit mindestens hoher Nachhaltigkeit.

Welche davon infrage kommen Die Fonds müssen außerdem schon mindestens zehn Jahre am Markt sein. Es gab Ende Juli 2024 gerade einmal sechs Aktienfonds, die all diese Kriterien erfüllen, je drei Welt- und drei Europafonds. Die Weltfonds heißen Ampega terAssisi Aktien, Bridge Green Effects NAI-Werte und Erste Responsible Stock Global. Die Wertentwicklung der drei Weltfonds sehen Sie im Chart rechts. Die Europafonds sind nur zur Beimischung geeignet. Sie heißen Erste Responsible Stock Europa, LBBW Nachhaltigkeit Aktien und Liga Pax Aktien Union. Alle diese Fonds stellen wir in den folgenden Kapiteln näher vor.

Wer sein Basisportfolio mit stabilen Weltfonds hoher Nachhaltigkeit ausstatten will, braucht wegen der hohen Marktnähe dieser Fonds nur einen einzigen auszuwählen. Fällt die Wahl dagegen auf andere aktive Fonds, empfehlen wir, für die Depotgrundlage grundsätzlich besser drei Fonds zu kombinieren. Bei Beimischungsfonds etwa für den Europateil ist das in keinem Fall nötig. Auch hier lässt sich mit den stabilen Fonds aber der Markt besonders nachhaltig und zugleich sehr breit abbilden. Außerdem sind die stabilen aktiven Fonds besonders gut geeignet für

Quelle: FWW, eigene Berechnungen

Stabile nachhaltige Fonds

Zusammenfassend identifizieren wir als stabile nachhaltige Fonds ausschließlich Fonds, die die folgenden Eigenschaften vereinen:

- **Erstens:** Die Nachhaltigkeit des Fonds ist mindestens „hoch“, liegt also bei 4 bis 5 von 5 möglichen Punkten.
- **Zweitens:** Der Fonds ist mindestens zehn Jahre alt.
- **Drittens:** Der Anlageerfolg war nie „sehr schlecht“, lag durchweg mindestens bei 2 von 5 Punkten.
- **Viertens:** Die Rendite ist über jeden Fünfjahreszeitraum innerhalb der vergangenen zehn Jahre nie mehr als fünf Prozentpunkte hinter dem Vergleichsindex zurückgeblieben.
- **Fünftens:** Die laufenden Kosten liegen nicht über 2,1 Prozent.
- **Sechstens**: Die Fonds weisen eine gewisse Marktnähe auf. Das bedeutet: Sie sind in den vergangenen zehn Jahren nicht um mehr als 30 Prozent von der breiten Marktentwicklung abgewichen.

Diese drei Weltfonds haben in unserem Test vom Juli 2024 die strengen Kriterien für stabile nachhaltige Fonds erfüllt und taugen zur Basisanlage.

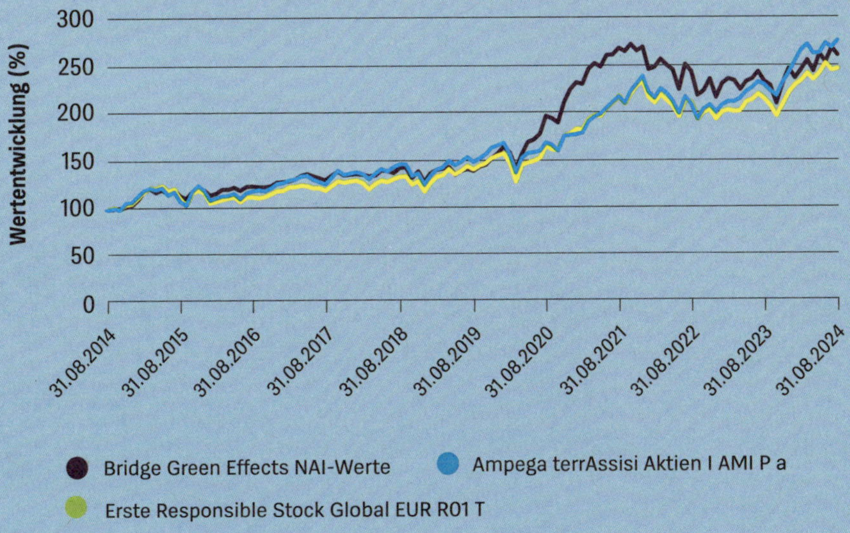

Anlegerinnen und Anleger, die ihr Depot nicht ständig überprüfen und umschichten wollen.

Im Rückblick war die Geldanlage bei den von uns empfohlenen stabilen Fonds mit hoher Nachhaltigkeit durchaus erfolgreich. Alle drei Weltfonds haben in den vergangenen zehn Jahren jeweils um etwa 150 Prozent an Wert zugelegt, wie der Chart auf Seite 75 zeigt.

Portfoliostrategie 2.0

Pantoffel-Portfolio und stabile nachhaltige Fonds reichen aus, um sich schnell ein erfolgreiches nachhaltiges Depot aufzubauen. Individualisten und Fortgeschrittene wählen oft lieber selbst aus. Was dabei zu beachten ist.

Bestimmt hatten Sie auch einen Malkasten, als Sie zur Schule gingen. Im Standardmodell hatten zwölf Farben nebeneinander Platz. Wenn man dann Jahre später wieder in den Kasten schaute, sah es überall ähnlich aus: Gelb, Rot, Blau fast leer. Die feineren Farbschattierungen dazwischen dagegen waren zum Teil fast unberührt. Und manche Töpfchen ordentlich durchmischt. Wer schon ein paar Jahre Geldanlage mit Fonds hinter sich hat, bei dem geht es im Depot oft ähnlich bunt zu. Manche Fonds sind wie die Grundfarben. Das sind die Basisinvestments, mit denen man die Vielfalt an den großen Märkten gut abbilden kann. Andere sind vielleicht spezielle Beimischungen, von denen man viel weniger braucht, die dem Depot aber eine spezielle Farbe hinzufügen, die sonst fehlen würde. So etwas wie Gold als Farbe.

Und dann sind da möglicherweise auch allerlei Fonds, die sich im Lauf der Zeit angesammelt haben, obwohl sie sich nur in Nuancen unterscheiden, weil sie eine ganz ähnliche Zusammensetzung haben. Und ja, das gilt natürlich auch für Grüntöne. Ein bisschen erneuerbare Energie, ein Ethik-Fonds, ein paar grüne Anleihen, ein Wasser-Investment und ein Fonds, der das Mikroplastik-Problem eindämmen hilft: All dies ist inzwischen auf dem Markt und sorgt für ein bunt gemischtes grünes Gewissen.

Aber haben Sie sich schon mal gefragt, wie viele Fondsfarben Sie wirklich brauchen? Ob Ihnen vielleicht eine wichtige Grundfarbe im Depot fehlt? Ob anderswo zu viel vom selben Farbton auftaucht? Und was das alles für den Anlageerfolg bedeutet? Mit all diesen Fragen befasst sich die sogenannte Portfoliotheorie – und letztlich jede Anlegerin und jeder Anleger, die selbst auf die Suche gehen nach den passenden Fonds fürs Depot. Die Regeln, die dabei gelten, sind nicht exklusiv für die Anlage in grüne Fonds gemacht – funktionierten dort aber genauso gut. Deshalb geben wir einen kurzen Drei-Regeln-Überblick über die wichtigsten Erkenntnisse der modernen Portfoliotheorie. Und zeigen, was daraus für die Fondsauswahl folgt.

Regel 1: Die Sache mit den Eiern im Korb

Die erste und wichtigstes Regel der erfolgreichen Geldanlage lautet: Setze nie alles auf eine Farbe, sondern verteile das Geld auf unterschiedliche Produkte. Der erste Grund dafür liegt auf der Hand: Wer nur einen einzigen Fonds besitzt, der kann schlicht und einfach das Pech haben, zur falschen Zeit am falschen Ort investiert zu sein. Investieren Sie zum Beispiel nur in Unternehmen, die auf erneuerbare Energien setzen, dann könnte die gesamte Branche unter schlechtem Wetter leiden, sodass die Aktienkurse aller Unternehmen fallen. Ein solches Klumpenrisiko lässt sich massiv verringern, wenn man sein Geld bei der Anlage auf zwei, drei oder vier Produkte verteilt. So weit, so banal. Der zweite Grund ist da schon etwas spannender – und hängt mit den Schwankungen an den Märkten zusammen.

Schwankungen, also das Auf und Ab der Kurse und Bewertungen, gelten gemeinhin als Ausweis des Risikos einer Geldanlage. Der langfristige Trend dagegen steht für den Ertrag. Einfach gesagt, kann man sich vorstellen, wie sich ein Aktienindex ähnlich einer Fieberkurve im Zickzack hin und her bewegt. Währenddessen steigen oder fallen die Kurse auf lange Sicht, was man besonders gut erkennt, wenn man von weiter weg auf die Kurve draufschaut. Bei der Geldanlage geht es den Profis nun in aller Regel darum, das Zickzack möglichst niedrig zu halten, dafür aber die langfristige Entwicklung möglichst hochzubekommen. Optimiertes Risiko-Rendite-Profil heißt das im Jargon.

Und jetzt kommt wieder die Sache mit den vielen Eiern im Korb ins Spiel. Es ist nämlich so, dass sich die Ausschläge eines Aktienkurses nicht vorhersagen lassen. Sie sind komplett zufällig und nicht vorbestimmt. Das ist logisch auch unmöglich, denn alles, was wir über eine Aktie oder ein anderes Wertpapier wissen, steckt bereits im Kurs – und das Nichtwissen ist nun einmal noch nicht drin. Wer also einen Fonds kauft, kauft damit auch ein zufälliges, nicht berechenbares Risiko ein. Und wer nur genau einen Fonds besitzt, läuft Gefahr, hohe Verluste zu erleiden, wenn die Sache ganz zufällig schiefgeht.

Ein zentraler Gedanke der Portfoliotheorie lautet nun: Zufällige, unberechenbare Risiken lassen sich eindämmen, indem man möglichst viele von ihnen eingeht. Wie bitte? Das funktioniert tatsächlich, und auch wenn es nach Magie klingt, ist es nichts anderes als ein bisschen Mathematik. Man kann sich das laienhaft so vorstellen. Wenn zwei zufällige Schwankungen aufeinanderstoßen, dann werden sie sich ja nur dann verstärken, wenn sie exakt in dieselbe Richtung zeigen – andernfalls neutralisieren sie sich ein Stück weit. Aus dem Grund sind breit gestreute oder diversifizierte Anlagen deutlich weniger riskant als enge, schmale Portfolios oder gar Einzeltitelanlagen. Mit einem Fonds, in dem ja per se viele verschiedene Titel stecken, macht man also schon eine ganze Menge richtig. Mit einer bunten Mischung an Fonds kommt noch ein zusätzlicher Streuungsvorteil obendrauf.

Bei der Aufteilung zwischen Fonds können Sie dann übrigens wieder ganz pragmatisch vorgehen. Die Streuung nach der Methode „1 durch n" (1/n) hat sich hier bewährt. Heißt: Sie teilen das Vermögen möglichst in gleichen Teilen auf mehrere Fonds auf. Haben Sie also drei Fonds gefunden, die zu Ihren nachhaltigen Zielen passen, dann legen Sie jeweils 1/3 in jeden einzelnen Fonds an. Voraussetzung ist natürlich, dass sich die Produkte auch wirklich unterscheiden. Um wieder zum Farbkasten zurückzukommen: Dreimal Gelb nützt nun einmal nichts, wenn man kein Rot und kein Blau hat. Die Farben am Kapitalmarkt sind unterschiedliche Regionen, Branchen, Themen und Anlageklassen wie Aktien oder Anleihen. Breit streuen macht also schon mal erfolgreicher.

Regel 2: Klug mischen

Die Farbenlehre hilft erneut, wenn es darum geht, aus vielen einzelnen Fonds ein effizientes Portfolio zusammenzustellen: Nötig sind in jedem Fall ein paar Grundfarben, verzichtbar und weitaus weniger gefragt dagegen die exotischen Sonderfarben. Was das bedeuten soll? Nun: Natürlich macht es vielen Anlegerinnen und Anlegern Spaß, sich an der Börse mit speziellen Trends und Themen zu beschäftigen, und gerade im Segment der nachhaltigen Fonds finden sich einige wirklich außergewöhnliche Konzepte (siehe Kapitel 5).

Zugleich empfiehlt es sich aber, sein Portfolio um einige wenige Kernbausteine herum zu entwickeln, die breit gestreut möglichst viele Regionen und Sektoren abdecken. Dieses Kernportfolio, für das wir unsere stabilen nachhaltigen Fonds empfehlen, sollte den größten Anteil am Anlagekuchen ausmachen. Drum herum lassen sich dann Farbtupfer und spezielle Akzente mit Fonds setzen, die einen außergewöhnlichen Ansatz verfolgen oder bloß einen kleinen Teilmarkt abbilden. Mit diesen Beimischungen kann man also seinem Spieltrieb an der Börse folgen oder seinen speziellen grünen Interessen frönen. Solange diese Fonds nicht überhand im Depot nehmen, besteht dann auch nicht die Gefahr, sich zu verzetteln und ungewollt Klumpenrisiken einzugehen.

Unser dringender Rat lautet: Eine einzelne Beimischung sollte möglichst nicht mehr als 10 Prozent betragen, je exotischer und riskanter ein Fonds, desto geringer der Anteil. Insgesamt sollten nicht mehr als 30 Prozent der gesamten Aktienanlage in derart außergewöhnlichen Produkten landen. Den großen Teil packt man besser in marktnah und weltweit investierte Basisfonds. Dieser Ratschlag basiert im Übrigen auf einer traditionellen Aufbauanleitung für Portfolios, dem sogenannten Core-Satellite-Prinzip.

DIE GUTE NACHRICHT FÜR BÖRSENMUFFEL: Wenn Sie die Börse nicht sonderlich interessiert, können Sie auch getrost alles aufs Kernportfolio setzen und darauf verzichten, bunte Satelliten drum herum kreisen zu lassen. Denn hier kommt wieder Regel 1 zum Tragen: Breit Streuen und Anlegen wie der breite Markt senkt systematisch Risiken – und genau das leisten die stabilen, weltweit investierten nachhaltigen Fonds am besten.

Regel 3: Nur nicht nervös werden

Die letzte Pflichtübung für den langfristigen Anlageerfolg lautet: Augen zu und durch. Auch wenn es schwerfällt: Wer seiner grünen Anlageidee untreu wird, bloß weil grad Ölkonzerne vom knappen Öl und Gas profitieren und Waffenproduzenten auf einmal wieder gut im Geschäft sind, der schadet nicht nur seinen guten Absichten. Er wird auf Dauer auch seine Rendite schmälern. Denn eine der wichtigsten Voraussetzungen für den nachhaltigen Anlageerfolg ist tatsächlich die Gelassenheit. Was wiederum eine nette Umschreibung für die Zeit ist, der größten Freundin aller Investorinnen und Investoren. Warum? Weil sich auf Dauer die Trends durchsetzen, auf die wir spekulieren. Und weil es andererseits manchmal ein bisschen Zeit braucht, bis sich der Erfolg einstellt. Wen interessiert im Rückblick schon ein schlechtes Börsenjahr für die Elektroautoindustrie, wenn sich die Antriebstechnik fünf Jahre später weltweit durchgesetzt hat? Und wer lässt sich vom zwischenzeitlichen Kriegsfolgen-Hoch der großen Ölkonzerne schrecken, wenn doch offensichtlich ist, dass deren Blütezeit endgültig vorüber ist?

Deshalb ist es ein Gebot der Klugheit, nicht nervös die täglichen Kursveränderungen zu verfolgen und einen nachhaltigen Fonds bloß deshalb schon infrage zu stellen, weil er mal durch eine Schwächephase geht. Allerdings ist eine schwache Fondsperformance schon ein Anlass, noch mal genau in die Anlagestrategie des Fondsmanagements hineinzuschauen und zu ergründen, warum das Produkt gerade nicht so gut funktioniert. Schließlich geht es nicht darum, jeden Rückschlag einfach auszusitzen. Wer kein Vertrauen mehr in das Können des Managements hat oder den Ansatz eines Fonds nicht mehr teilt, sollte wechseln. Ein Kursrückgang allein ist allerdings kein Grund für den Verkauf.

Bei der Analyse von Nachhaltigkeitsfonds kommt noch eine Besonderheit hinzu: Manche der nachhaltigen Fonds bleiben ihrem Konzept treu, selbst wenn das mal Rendite kostet. Andere werden selbst nervös, wenn mal ein Sektor Sonderkonjunktur hat, den sie eigentlich aus guten Gründen gemieden haben – und versuchen dann womöglich, doch beim einen oder anderen Anbieter der Branche einzusteigen, um nicht den Anschluss an die Spitze zu verpassen. Dafür werden die Nachhaltigkeitskriterien dann schon mal etwas lockerer interpretiert, oder die Fonds nutzen eine Lücke aus: Schließlich dürfen selbst als nachhaltig beworbene Produkte teilweise bis zu einem Viertel des Kapitals auch mal in Anlagen stecken, die nicht alle Nachhaltigkeitskriterien erfüllen. In solchen Fällen wäre ein zwischenzeitlicher Verlust im Fonds in Wahrheit kein Ausweis von Schwäche, sondern von strategischer Stärke – und umgekehrt.

05

Die besten Fonds und ETF im Porträt

82 → Die Königsfrage: ETF oder Fonds?
91 → Nachhaltige Aktienfonds Welt
104 → Nachhaltige Welt-ETF
110 → Nachhaltige Rentenfonds

Die Königsfrage: ETF oder Fonds?

ETF sind preiswert, machen ihren Job, versagen nicht und bieten eine effiziente und planbare Geldanlage für alle Fälle. Doch wenn es um Nachhaltigkeit geht, haben aktive Fonds auf einmal doch ihre Berechtigung.

Aktiv oder passiv, gemanagte Fonds oder ETF? An dieser Frage kommen Anlegerinnen und Anleger kaum vorbei, wenn es um die Wahl eines passenden Investmentfonds für ihr Geld geht. Wer Finanztest kennt, weiß, dass wir auf diese Königsfrage eine eindeutige Antwort entwickelt haben: Grundsätzlich favorisieren wir als Basis für die Kapitalanlage global anlegende ETF, also börsengehandelte Fonds, die einen marktbreiten Weltaktienindex abbilden. Denn diese bieten gegenüber aktiv verwalteten Fonds einige Vorteile. Die drei wichtigsten: Sie sind vergleichsweise preiswert, leicht zu verstehen und verfolgen stabil eine Strategie. Die Managerleistung aktiver Fonds, die für Anlegerinnen und Anleger mit zusätzlichen Verwaltungsgebühren zu Buche schlägt, ist hingegen in höchstem Maße schwankend. Anders gesagt: Man weiß nie, ob und wie lange ein aktiver Fonds in der Zukunft noch Topleistungen liefern wird, selbst wenn er in den vergangenen Jahren zu den besten seines Fachs gehörte.

Warum ETF nicht voll überzeugen können

Bei der nachhaltigen Geldanlage mit Fonds ist die Lage allerdings etwas komplizierter, sodass ein eindeutiges Plädoyer für ETF ausbleibt. Um zu verstehen, warum nachhaltige ETF gegenüber aktiven Fonds nicht unbedingt und vorbehaltlos überzeugen können, blicken wir zunächst nach Frankreich, genauer gesagt zur dort ansässigen Nichtregierungsorganisation Reclaim Finance. Die ist europaweit aktiv und ein Stachel im Fleisch der nachhaltigen Fondsindustrie. Greenwashing entlarven, passive Fonds demaskieren und endlich die Portfolios bereinigen – so lautet der Auftrag der Pariser Organisation, die seit vielen Jahren und immer wieder auch gemeinsam mit der deutschen NGO Urgewald dafür kämpft, dass die Investmentindustrie aufhört, in fossile Energieprojekte zu investieren. Die jüngste Analyse der Franzosen, die im Frühjahr 2024 erschien, ist nicht nur ein Report über den Zustand der vermeintlich nachhaltigen Fondsindustrie, sondern auch ein Aufruf zum Umsteuern.

Die Kernbotschaft klingt tatsächlich so, als gebe es dafür kräftigen Bedarf. Denn die hat es in sich: 70 Prozent der als nachhaltig angepriesenen ETF haben danach in Unternehmen investiert, die neue Kohle-, Öl- oder Gasprojekte entwickeln. Zudem wirft die Organisation den Anbietern vor, dass die von den Fonds verwendeten Benchmark-Indizes auf Methoden beruhen, die wissenschaftlichen Kriterien für die Erfassung von Treibhausgasemissionen nicht genügen. Anders gesagt: ETF halten zu größten Teilen ihre Versprechen nicht – oder sie tun jedenfalls nicht das, was sich die meisten Anlegerinnen und Anleger vorstellen, wenn sie ein Produkt auswählen, das Nachhaltigkeit im Titel trägt. Es sei also, so die Autorinnen und Autoren, dringend notwendig, die Fonds daran zu hindern, irreführende Nachhaltigkeitsbehauptungen aufzustellen.

Nötig seien schärfere Gesetze, Druck von Investoren und vor allem ein Handeln der Vermögensverwalter selbst, die ihre Portfolios bereinigen und sicherstellen müssten, dass sie sich künftig nicht mehr an Unternehmen beteiligen, die fossile Brennstoffe verarbeiten. Tatsächlich beschreibt der Report auch, dass es durchaus alternative Wege gibt, mit weitaus strengeren Indizes fossile Energieträger komplett aus dem Portfolio auszuschließen. Wenn Vermögensverwalter also argumentierten, sie hätten nicht die Möglichkeit, starke Verschmutzer aus ihren größten als nachhaltig bezeichneten Fonds zu verbannen, dann sei das schlicht falsch. „Ihre Behauptung, sie seien machtlos, ist einfach nicht stichhaltig", heißt es in der Studie: „Im Gegenteil: Passives Investieren ist eine Reihe aktiver Managemententscheidungen."

Die Big-5 unter der NGO-Lupe

Die Daten von Reclaim Finance basieren nicht auf einer kleinen Stichprobe. Die NGO hat sich durch das Angebot des ETF-Weltmarktführers Blackrock sowie der vier größten Vermögensverwalter aus Europa gearbeitet: Amundi, UBS AM, DWS und Legal & General Investment Management (LGIM). Rund 2900 ETF der fünf Marktführer kommen zusammen auf ein Anlagevolumen von über 2600 Milliarden US-Dollar – eine kaum vorstellbare Summe. Übrigens hatte Reclaim Finance bereits in einer früheren Analyse dargelegt, dass die Big-5 über alle Portfolios zusammen noch immer Aktien im Wert von 227 Milliarden US-Dollar in der Öl-, Gas- und Kohleindustrie halten – über die Hälfte davon in den passiven ETF.

Bloß weg! Was in Fonds besonders oft verboten ist

Nachhaltige Geldanlage beginnt in der Regel damit, Unternehmen aus schmutzigen Branchen und mit zweifelhaftem Geschäftsgebaren zu meiden. Diese sogenannten Ausschlüsse sind das einfachste und beliebteste Instrument zu mehr Nachhaltigkeit. Diese neun Kriterien sind die beliebtesten No-Gos in Deutschland:

Nun aber hat sich die NGO ausschließlich jene 430 ETF aus den Paletten der fünf Anbieter vorgenommen, die von den Anbietern als nachhaltig deklariert wurden – und nachgeschaut, ob Unternehmen in den Fonds stecken, die auf der Global Coal Exit List oder der Global Oil and Gas Exit List gelistet werden, den beiden international anerkannten Referenzlisten für Unternehmen aus dem Kohle-, Öl- und Gassektor, von Minenbetreibern über Raffinerien bis zu den Händlern. Und siehe da: 304 der sogenannten nachhaltigen Fonds waren mit mindestes einem von insgesamt 416 verschiedenen Unternehmen aus der Kohle-, Gas- und Ölindustrie infiziert. Einer der Fonds war gar zu 87 Prozent in dem Sektor investiert. Unter den Unternehmen finden sich einige der weltweit größten Entwickler fossiler Brennstoffe, Namen wie Exxon-Mobil, Total Energies, Shell, Adani, Mitsubishi oder Glencore – Konzerne, die im Übrigen in vielen großen Fondslabeln für Nachhaltigkeit längst ausgemustert wurden.

Die jeweils großen fünf Nachhaltigkeitsfonds der fünf Marktführer machten die Sache keineswegs besser. Im Gegenteil: In 20 dieser 25 Top-Fonds fanden sich Investments in umweltschädliche Unternehmen. In acht der ETF jeweils mindestens in Höhe von 100 Millionen US-Dollar; trotz Nutzung von Indizes mit blumigen Namen wie „Low Carbon Sreened", „Reduced Fossil Fuel", „ESG Screend", „Paris Aligned ESG" oder „Sustainable Consensus".

Die Autorinnen und Autoren der Studie schienen selbst von der Masse an Verfehlungen überrascht. Sie schreiben: „Angesichts der Dringlichkeit der Klimakrise, die die Mobilisierung aller verfügbaren Hebel für Maßnahmen erfordert, ist es für Anleger und den Markt verwirrend, wenn Fonds, die mit Nachhaltigkeitsmerkmalen werben, weiterhin in Unternehmen investieren können, die ihre Wachstumsziele für die Produktion fossiler Brennstoffe erhöhen, neue Öl- und Gasexplorations- und Gasförderprojekte entwickeln und den Großteil ihrer Investitionen in die Entwicklung fossiler Brennstoffe beibehalten." Und in der Tat fragt man sich auch als Laie, wie das sein kann – und was das dann jetzt für die Investitionen in ETF bedeutet, die ein Nachhaltigkeitsversprechen abgeben.

Vorweg: Tatsächlich ist es auch mit ETF möglich, nachhaltige Ziele zu verfolgen. Das zeigen unsere eigenen Bewertungen nachhaltiger ETF, die es durch unseren strengen Bewertungsprozess schafften und immerhin bis zu drei von fünf möglichen Nachhaltigkeitspunkten erhielten – für ein mittleres Niveau an Nachhaltigkeit. Ein einziger ETF erzielte zuletzt sogar vier von fünf Punkten. Das zeigt auf der anderen Seite aber eben auch:

Wer einen hohen oder sehr hohen Maßstab anlegt, Wert auf besonders viele Ausschlüsse legt oder gar ein wirkungsorientiertes Angebot sucht, der wird mit einem rein passiven Anlagekonzept kaum fündig werden. Denn auch wenn, worauf die Studie richtigerweise verweist, passive Investments ebenso aktive Managemententscheidungen erfordern – etwa bei der Wahl oder und Konstruktion des passenden Index –, so fallen doch einige Einflussfaktoren weg. Aktive Portfoliomanagerinnen und -manager können eben weitaus stärker in ihre Anlagestrategie eingreifen, Akzente setzen, jederzeit per Hand nachjustieren. Zudem sind sie mit den Portfoliounternehmen oft regelmäßig im Gespräch und können dabei Veränderungen anstoßen. Bei der ETF-Konstruktion kommt es allein auf den Index an. Steht der erst mal, gibt es kein Zurück.

Der ETF-Webfehler: Schwache Indizes

Hier beginnt die Erklärung für die erschreckenden Daten aus der NGO-Analyse über die vielen fossilen Spuren in den nachhaltigen ETF-Portfolios. Und es ist auch die Erklärung dafür, warum auch bei uns viele ETF direkt durch unser Bewertungsraster fielen und mit bloß einem oder zwei Nachhaltigkeitspunkten aus der Kurve flogen. Also rein in den Maschinenraum der nachhaltigen ETF:

Der am häufigsten verwendete Ansatz für die Berechnung der nachhaltigen ETF-Indizes ist tatsächlich der Best-in-Class-Ansatz (siehe Seite 89), kombiniert mit Ausschlüssen von bestimmten Branchen und Sektoren. Die Indexanbieter leiten ihre nachhaltigen Indizes dazu regelmäßig von konventionellen Indizes ab. Es sind also letztlich Auswahlindizes, die entstehen, indem man sich einen mehr oder weniger breiten Markt anschaut und dann entscheidet, dass man auf einige der dort vertretenen Unternehmen verzichtet. Die erste Stufe des Verzichts ist der Rausschmiss der bekannten Liste der allergrößten Sünder (siehe dazu auch den „UN Global Compact" auf Seite 36). Danach bewerten die Index-Anbieter alle übrigen Unternehmen mit einem ESG-Rating. Dazu werten sie die einschlägigen Geschäfts- und Nachhaltigkeitsberichte aus und ergänzen das teils durch eigene Analysen.

Die Nachhaltigkeitsdaten, einzelnen Kennziffern und Berechnungsmethoden der Anbieter kommen übrigens auch bei aktiven Fonds zum Einsatz. Und sie unterscheiden sich stark. Stolz sind alle Fondsgesellschaften und Indexanbieter auf ihre Ansätze. Für Anlegerinnen und Anleger bedeutet das aber umgekehrt, dass sie schon darauf vertrauen oder eben nachvollziehen müssen, wie genau und wie streng die ESG-Daten für solche Vergleiche gestaltet sind. Blackrock etwa wirbt damit, 1200

Nachhaltigkeitskennzahlen ins Risiko- und Portfoliomanagement aufzunehmen – die Datenbank heißt bezeichnenderweise Aladdin. Andere nutzen, was auf dem Markt verfügbar ist, etwa die ESG-Ratings des Index-Standardsetzers und Weltmarktführers MSCI.

So oder so: Die Unternehmen mit den schlechtesten Ratings werden dann ebenfalls ausgeschlossen. Manche Anbieter haben auch noch ein paar Mindestanforderungen definiert. Die sind aber oft so weich, dass sie kaum zu weiteren Ausschlüssen führen. Zudem gibt es inzwischen abgeleitet von den großen Mutterindizes meist nicht bloß einen einzigen grünen Ableger, sondern gleich eine ganze Armada unterschiedlich strenger, dafür oft aber recht ähnlich klingender Nachhaltigkeitsvarianten. Wir sind darauf bereits früher im Buch näher eingegangen.

Ein Beispiel für einen typischen dieser Auswahlindizes ist die „ESG-Screened"-Indexfamilie von MSCI, auf die sich diverse große grüne ETF im Handel beziehen. Diese Indizes schließen zunächst Unternehmen aus, die gegen Prinzipien des UN Global Compact verstoßen. In den Fonds gibt es zudem keine Unternehmen, die umstrittene Waffen produzieren, Tabak herstellen oder mit dem als besonders umweltschädlich geltenden Abbau von Ölsanden oder thermischer Kohle zu tun haben.

MSCI hat den Index dann noch leicht verschärft. So schließt man weitere Unternehmen aus. Und zwar alle, die 5 Prozent oder mehr ihrer Einnahmen mit Palmöl oder der Förderung von arktischem Öl und Gas erzielen. Und schließlich sollen die Aktien im „ESG-Screened"-Fonds dann insgesamt 30 Prozent weniger kohlenstoffintensiv sein als der entsprechende Mutterindex. Das war's.

Ergebnis: Der Fonds kann problemlos weiterhin in die Öl- und Gasindustrie anlegen, ohne gegen seine Regularien zu verstoßen. Der positive Beitrag zum Umweltschutz liegt lediglich darin, dass der ökologische Fußabdruck insgesamt ein Drittel unter dem des Mutterindex liegt. Das ist nicht nichts – aber sicherlich auch kein großer Nachhaltigkeitswurf. Wer sich schließlich die Mühe macht, einmal nachzuschauen, was das „ESG-Screening" von MSCI im Ergebnis mit dem Fondsportfolio macht, wird noch ernüchterter sein: Im Index „MSCI USA ESG Screened" beispielsweise findet sich unter den Top-10-Positionen exakt acht Mal derselbe Titel wie beim großen, nicht nachhaltigen Bruder. Lediglich der Ölkonzern Exxon Mobil und der Mischkonzern Berkshire Hathaway fielen dem Streichprogramm zum Opfer.

Es führen übrigens hier wie da große Technologiekonzerne: Apple, Microsoft, Amazon, Alphabet und Tesla sind letztlich in nahezu allen nachhaltigen ETF prominent vertreten. Diese Konzerne haben teils hervorra-

Die ESG-Bilanz der glorreichen 7

Sieben Technologiekonzerne waren in den vergangenen Jahren für einen Großteil der Kursanstiege an den US-Börsen verantwortlich: Alphabet, Amazon, Apple, Meta, Microsoft, Nvidia und Tesla. Sie sind daher inzwischen als „Magnificent 7" bekannt:

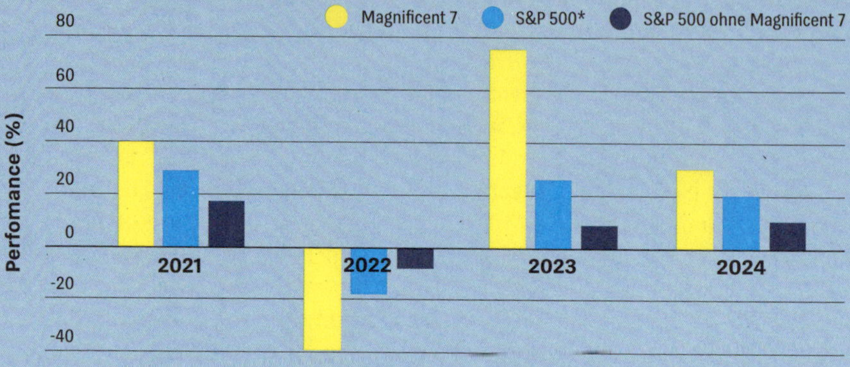

Die Ratingagentur ISS hat die Mag. 7 kürzlich analysiert. Ergebnis: Sie schneiden bei der ESG-Gesamtperformance, bei CO_2-Risiko, Emissionen und der Anpassung an Temperaturszenarien signifikant besser ab als die übrigen Top-500-Unternehmen der USA. Allerdings bleiben selbst sie hinter den UN-Zielen für nachhaltige Entwicklung zurück.

1 Alphabet Hat wie andere Tech-Riesen eine Menge Stress mit Gerichten. US-Gerichte verurteilten Google beispielsweise jüngst, unter anderem, weil der Konzern 20 Milliarden US-Dollar an Apple gezahlt hatte, damit die eigene Suchmaschine auf das Iphone kommt.

2 Amazon Will 2040 CO_2-neutral sein, ab 2025 zu 100 Prozent mit erneuerbaren Energien, verbraucht aber immense Mengen grüne Energie: 2022 über 20 Gigawatt – mehr als jedes andere Unternehmen weltweit.

3 Apple Will bis 2030 alle Produkte CO_2-neutral machen und so schnell wie möglich keine Rohstoffe wie Aluminium, Kobalt und Wolfram mehr fördern. Elektroschrott alter Geräte bleibt aber ein Thema ebenso wie Verstöße gegen das Kartellrecht.

4 Meta Auch der Konzern hinter Facebook, Instagram und Whatsapp will bis 2030 klima- und wasserneutral sein. Denn die Rechenzentren zapfen zur Kühlung riesige Wassermengen aus Flüssen ab. Größtes Problem bei Meta ist das Geschäft mit zweifelhaften Social-Media-Inhalten.

5 Microsoft kündigte schon 2020 an, bis 2030 alle CO_2-Emissionen zu kompensieren, bis 2050 will der Konzern den CO_2-Ausstoß seit seiner Gründung ausgleichen. Er ist daher ein Favorit von ESG-Fonds. Im September 2024 wurde bekannt, dass Microsoft ein stillgelegtes Atomkraftwerk hochfahren lässt – die KI frisst Energie.

6 Nvidia An der Nachhaltigkeit des Chipproduzenten haben die wenigsten etwas auszusetzen. Die Chips sorgten für große Sprünge bei der Leistungsfähigkeit von Computern, bei geringerem Energieeinsatz.

7 Tesla Die Produkte des Elektroautopioniers schonen die Umwelt, doch manche kritisieren Umweltverschmutzung bei Zulieferern. Auch im Umgang mit Mitarbeitern macht Tesla oft Negativschlagzeilen.

gende ESG-Ratings, vor allem, weil sie sich auf unterschiedliche Weise für eine im Saldo CO_2-neutrale Produktion einsetzen. Etwas anders sieht es beim Thema gute Unternehmensführung aus. Gemessen an sogenannten Kontroversen, das sind bekannt gewordene Vorwürfe und dokumentierte Verstöße gegen Korruption, Menschen- oder Arbeitsrechte, stehen die Unternehmen alle reichlich schwach da. MSCI hat für Kontroversen sogar ein eigenes Rating, bewertet die Unternehmen also auch danach, ob es solche Verstöße gibt, gegen Umweltauflagen, soziale Standards oder wegen Korruption. Bloß sortiert man so gut wie keine Unternehmen aus dem „ESG Screened Index" aus, nur weil sie dort schlecht abschneiden. Lediglich anhaltende schwere Umweltverstöße werden geahndet – alles andere wird geduldet.

Ausschluss ist nicht alles

Fazit: Als nachhaltig gepriesene ETF, die auf Indizes mit einem Best-in-Class-Ansatz basieren, sind nicht darauf ausgelegt, Unternehmen nach ihrer Auswirkung auf Umwelt, Sozial- oder Governance-Fragen zu bewerten. Sie sortieren lediglich einen Teil der Unternehmen aus einem großen und breiten Anlageuniversum aus, das trotzdem immer noch voller Titel bleibt, die vermutlich keinen großen Beitrag zur Einhaltung des 1,5-Grad-Ziels leisten. Und man muss als Anlegerin und Anleger schon sehr genau die Wortwahl der einzelnen Fonds und Indizes studieren, damit das eigene Geld nicht ungewollt bei Firmen landet, die man mit den eigenen Vorstellungen von Nachhaltigkeit nicht in Einklang bekommt. So stellt sich die Lage bei den Aktien-ETF dar.

Bei nachhaltigen Anleiheindizes, also bei Renten-ETF, sieht die Sache grundsätzlich nicht anders aus. Auch hier schaffen es beispielsweise immer wieder Staatsanleihen aus Ländern ins Depot, die zu den größten CO_2-Emittenten zählen oder Atomkraftwerke betreiben. Im „Bloomberg MSCI Global Aggregate Sustainable and Green Bond SRI Index" stecken beispielsweise fast 20 Prozent Staatsanleihen aus den USA und fast 10 Prozent aus China. Das Kleingedruckte entzaubert den Index dann endgültig als überraschend konventionell: Denn der Index investiert lediglich mindestens 10 Prozent seines Marktwerts in nominell grüne Anleihen. Der große Rest fließt in alle möglichen Anleihen – auch hier bleiben nur wieder die übelsten Vertreter in einem ESG- und SRI-Ausschlussfilter hängen. Wobei, das sei an dieser Stelle noch erwähnt, grundsätzlich auch Anleihen nachhaltig sein können, die nicht „grün" sind.

Bei den grünen Anleihen allerdings, besser bekannt als Green Bonds, ist eben zu erwarten, dass das dort investierte Kapital ökologischen

*Der S&P-500-Index misst die Kursentwicklung der Aktien der 500 größten börsennotierten US-Unternehmen, gewichtet nach Marktkapitalisierung.
Quelle: J.P.Morgan Stand: 31 .August 2024

Zwecken dient – auch wenn bisher genaue Kriterien dafür fehlen, was als grüne und was als nachhaltige Anleihe bezeichnet werden darf. Selbst wenn aber nur ein Unternehmen oder ein Staat einen Green Bond oder auch einen sogenannten Social Bond platziert, dann heißt das indes noch lange nicht, dass auch alle anderen Tätigkeiten grünen Ansprüchen genügen würden.

Der Terminus „Verzicht auf unkonventionelles Öl und Gas" ist noch so einer dieser Verschleierungsbegriffe: Schließt ein ETF beispielsweise bloß Unternehmen aus, die mehr als 10 Prozent ihrer Einnahmen aus eben jenem „unkonventionellen Öl und Gas" erzielen, dann könnte beispielsweise der US-Big-Oil-Konzern Exxon-Mobil bleiben, obwohl er der weltweit sechstgrößte Öl- und Gasentwickler ist. Als „unkonventionell" gelten nämlich nur besonders umstrittene Methoden wie das Fracking – Exxon-Mobil fördert Gas und Öl dagegen in der Regel höchst konventionell zutage.

VORSICHT BEI TAUSCHGESCHÄFTEN Gänzlich ungeeignet für Anlegerinnen und Anleger, die mit ihrem Geld nachhaltige Zwecke verfolgen wollen, sind ETF, die einen Index nicht physisch im Portfolio nachbilden, sondern auf sogenannte synthetische Replikation setzen. Denn das bedeutet: Es befinden sich gar nicht die Titel im ETF, die der Index vorgibt, sondern völlig andere. Der ETF folgt nämlich lediglich der Wertentwicklung des Index, macht das aber über spezielle Tauschgeschäfte, auch Swaps genannt. Hier kauft man buchstäblich die Katze im Sack – aber keine nachhaltigen Titel. Finanztest schließt Swap-ETF bei seinen Nachhaltigkeitsuntersuchungen von vornherein aus.

Selbst ETF, die auf Indizes mit ganz besonders strengen ESG-Regeln setzen, haben offensichtlich Schwierigkeiten dabei, höheren Ansprüchen an Nachhaltigkeit zu genügen. So gelang es mit keinem einzigen der von der NGO Reclaim Finance analysierten Ausschlusskriterien, sämtliche Unternehmen aus den Portfolios zu verbannen, die an den größten neuen Öl- und Gasexplorationsprojekten beteiligt sind. Und selbst da, wo Energieversorger auftauchen, die in ihren Regionen zu den größten Anbietern erneuerbarer Energie gehören, ist Vorsicht geboten: So betreiben beispielsweise der spanische Konzern Iberdrola oder Nextera Energy aus den USA nicht nur Wind- und Solaranlagen, sondern auch Atomkraftwerke. Wer damit ein Problem hat, sollte solche Fonds aussortieren.

Für nachhaltige Investments mit höherem Anspruch sind die meisten ETF damit also schlichtweg nicht sonderlich gut geeignet; und das trotz aller grundsätzlichen Vorteile des passiven Investierens wie den niedrigen Kosten und dem in der Regel gut verständlichen Anlagekonzept. In der folgenden Übersicht über die wichtigsten nachhaltigen Investmentfonds dominieren in der Gruppe der streng nachhaltigen Produkte daher die aktiven Investmentfonds.

Nachhaltige Aktienfonds Welt

Aktienfonds Welt bilden die Basis vieler Depots. Das Angebot mit nachhaltigen Versprechen ist breit, die Auswahl in der Spitze klein.

Bei der Auswahl der passenden Aktienfonds für ein nachhaltiges Depot stehen zwei anspruchsvolle Entscheidungen an. Die erste lautet: Wie streng lege ich meine Ansprüche an Nachhaltigkeit aus? Was lasse ich zu, welche Schwerpunkte will ich setzen, worauf komplett verzichten? Die zweite dann: Wie definiere ich meine Ansprüche an die Rendite der Fonds? Schließlich nützt einem bei der Geldanlage das grünste Produkt nichts, wenn nicht auch die Performance stimmt. Kurzum: Anlageerfolg und Nachhaltigkeit gehören zusammen – und sind für die Fondsauswahl gleichermaßen entscheidend. Genau deshalb bewertet Finanztest stets nach beiden Kriterien und empfiehlt, eben nicht nur auf die Nachhaltigkeitsnote zu schauen, sondern auch auf die Note für den Anlageerfolg.

Wie die Bewertung genau zustande kommt, ist im Kapitel 3 erläutert. Für den konkreten Depotaufbau eignen sich als Basis zunächst weltweit investierte Fonds. Markttypische ETF kommen als Alternative immer dann infrage, wenn es um eine maximal mittelgrüne Ausrichtung des Depots geht – höheren Ansprüchen genügen ETF dagegen nicht. Als Beimischung können Aktienfonds Europa, Schwellenländer und auch Deutschland dienen. Sie sollten innerhalb des Aktienteils im Depot in der Regel aber nicht mehr als 30 Prozent ausmachen.

Auf den folgenden Seiten porträtieren wir alle Fonds der Gruppe Aktien Welt, die ein hohes oder sehr hohes Nachhaltigkeitsniveau (mindestens vier von fünf Punkten) bieten und zugleich einen stabilen Anlageerfolg versprechen. Auch das Konzept dieser stabilen nachhaltigen Fonds, die wir besonders als Basis fürs Depot empfehlen, haben wir bereits weiter vorn im Buch erläutert (siehe Seite 73). Außerdem porträtieren wir alle aktiv gemanagten Fonds mit vier oder fünf Nachhaltigkeitspunkten, die nicht zu den stabilen Fonds zählen, sowie alle Drei-Punkte-Indexfonds und -ETF, die wir als 1. Wahl empfehlen. Die Porträts der entsprechenden Aktienfonds und -ETF Schwellenländer, Europa und Deutschland finden Sie in Kapitel 6. Übersichtstabellen mit den besten getesteten Aktienfonds finden Sie im Serviceteil ab Seite 144.

Stabile Aktienfonds Welt

Lediglich drei der von uns getesteten Fonds schafften bei der jüngsten Analyse im Juli 2024 den Doppelsieg: Sie überzeugten mit einem hohen bis sehr hohen Nachhaltigkeitsniveau und zugleich mit einem stabilen Anlageerfolg. Zur Erinnerung: Stabil bedeutet für uns, dass die Fonds mindestens seit zehn Jahren am Markt sind und der Anlageerfolg in diesem Zeitraum nie unter zwei Punkte gefallen sein darf. Zudem darf die Rendite innerhalb beliebiger Fünf-Jahres-Zeiträume seit Mitte 2014 nie um mehr als 5 Prozentpunkte hinter den Vergleichsindex zurückgefallen sein. Die aktuellen laufenden Kosten dürfen nicht über 2,1 Prozent liegen. Außerdem müssen die Fonds stets eine Marktnähe von mindestens 70 Prozent aufweisen. Und das sind die drei Sieger-Fonds:

Green Effects NAI-Werte (IE0005895655)

Nachhaltigkeit: ●●●●● 97 %

Anlageerfolg: ●●●○○

Der Green Effects NAI-Werte ist ein moderner Klassiker. Er wurde im Jahr 2000 aufgelegt und gehört damit zu den ältesten ethisch-ökologischen Weltaktienfonds überhaupt. Bei der Auswahl der Aktien orientiert sich der Fonds am Natur-Aktien-Index (NAI). Das ist ein bereits im Jahr 1997 von der Hamburger Krankenversicherung Securvita entwickelter Index mit 30 Aktien, der vorrangig große Unternehmen berücksichtigt, die „einen wesentlichen Beitrag zur ökologisch und sozial nachhaltigen Lösung zentraler Menschheitsprobleme leisten". Bis zu 25 Prozent des Fonds können Unternehmen mit weniger als 100 Millionen US-Dollar Jahresumsatz ausmachen. Sie sollen sich als Branchenvorreiter in Sachen Nachhaltigkeit hervortun – so die Selbstauskunft der Indexmacher. Die positive Auswahl wird ergänzt durch harte Ausschlusskriterien.

Der Fonds orientiert sich dementsprechend also an einem hochkonzentrierten Portfolio ausgewählter Unternehmen aus aller Welt. Er unterscheidet sich dabei in der Länder- und Branchenmischung stark vom Weltaktienindex MSCI World. So liegt etwa der Anteil von US-Aktien bei nur rund 40 Prozent gegenüber rund 70 Prozent im Weltindex. IT-Konzerne sind im NAI und auch im daran angelehnten Green-Effects-Fonds nur etwa halb so hoch gewichtet wie im MSCI World. Finanzkonzerne sind lediglich in Spurenelementen vertreten. Am höchsten gewichtet sind dagegen aktuell Aktien des Grafikkartenherstellers Nvidia und des Bodenbelag-Produzenten Interface aus den USA sowie des norwegischen Recycling-Konzerns Tomra und des japanischen IT-Konzerns Ricoh. Der Fonds setzt auf dieselben Titel wie der Index, weicht bei der Gewichtung der einzelnen Positionen aber teilweise auch mal vom Index ab. Es handelt sich also nicht um einen Indexfonds.

Ampega terrAssisi Aktien (DE0009847343)

Nachhaltigkeit: ●●●●● 90 %

Anlageerfolg: ●●●○○

Menschlichkeit, Ethik und Moral leiten die Geldanlage des Franziskaner-Ordens. Der terrAssisi Aktienfonds übersetzt die grundlegenden Ideale der franziskanischen Ökonomie seit dem Jahr 2000 in ein Investmentprodukt, das zu den Vorreitern der nachhaltigen Geldanlage zählt und inzwischen mit Fug und Recht als ein moderner Klassiker gelten darf. Der Fonds ist nicht nur besonders streng bei der Auswahl der Anlageziele, sondern damit auch überaus erfolgreich. Und auch dieser Fonds hat wie so viele der Vorreiter-Produkte seinen Ursprung in Deutschland: Initiatorin des Fonds war einst die Missionszentrale der Franziskaner in Bonn.

Die Franziskaner haben einen eigenen Auswahlprozess für die Aktien im Fonds entwickelt. Ohne sich einzuschränken in Bezug auf Länder oder Währungen, legt der Fonds das Geld nur dort an, wo es kultur-, sozial- und naturverträglich der Förderung einer ethischen und ökologischen Wirtschaft dient. Strenge Ausschlusskriterien kombiniert man dazu mit einer Best-in-Class-Auswahl, bei der es nicht nur um Umweltschutz geht, sondern auch um Human-, Sozial- und Kulturkapital, wie die Franziskaner es formulieren – also um gute Arbeitsbedingungen, zivilgesellschaftliches Engagement und Respekt vor Vielfalt. Um den Erfolg zu bewerten, setzt der Fonds sich klare Impact-Ziele und erfasst beispielsweise die Treibhausgasemissionen aller Titel. Der zusätzliche ethische Filter nach Ordensgrundsätzen macht den Fonds zu einer Besonderheit im großen und wachsenden Markt für nachhaltige Fonds.

Schließlich fließt rund ein Viertel der Verwaltungsvergütung auch noch an die Missionszentrale und das Netzwerk „Franziskaner Helfen", das die weltweite karitative Arbeit des Ordens koordiniert. Der Fondskauf enthält damit gewissermaßen gleich noch eine gute Tat.

Erste Responsible Stock Global (AT0000646799)

Nachhaltigkeit: ●●●●○ 84 %

Anlageerfolg: ●●●○○

Der Erste Responsible Stock Global Fonds ist der älteste weltweit investierte nachhaltige Aktienfonds Österreichs. Er wurde 2003 aufgelegt von der Fondsgesellschaft der österreichischen Sparkassengruppe, die auch Marktführerin in dem Anlagesegment ist. Für die Auswahl von Aktien dient ihr eine selbst entwickelte Analyse namens „ESGenius". Jedes Unternehmen wird hierbei einem Rating unterzogen, das schließlich zu einer Note von 0 bis 100 führt. Ein hauseigenes Analyseteam nimmt dafür nicht nur Finanzberichte unter die Lupe, sondern beispielsweise auch das Lieferkettenmanagement. Außerdem nutzt die Erste immer wieder ihr Stimmrecht, um sich auf Hauptversammlungen für nachhaltige Ziele oder Verbesserungen etwa beim Klimaschutz einzusetzen. Das Abstimmungsverhalten veröffentlicht sie auf ihrer Webseite. Zum Selbstverständnis als aktive Investorin zählt die Gruppe auch ein breites Engagement im Austausch mit Portfoliounternehmen jenseits der Hauptversammlungen. ESG-Dialoge mit Vorständen gehören zur Regel.

Im Fonds selbst dominieren indes derzeit die großen US-Technologiekonzerne Microsoft, Apple, Nvidia und Alphabet. Hier liegt der Fonds dann doch recht nah bei weltweiten Standardwerte-Indizes. Das war auf der einen Seite zuträglich für den Anlageerfolg. Auf der anderen Seite sind Technologietitel, auch wenn sie sich ums Energiesparen oder gar um CO_2-Neutralität bemühen, mit ihrem Geschäftsmodell per se keine ausgesprochen nachhaltigen Aktien.

Weitere Aktienfonds Welt

Elf weitere weltweite Fonds bieten Nachhaltigkeit auf sehr hohem oder hohem Niveau, erzielten also vier bis fünf der fünf möglichen Punkte in dieser Kategorie. Drei sehr ähnliche Fonds fassen wir gleich vorn zusammen. Abstriche müssen Anlegerinnen und Anleger beim Anlageerfolg machen, den wir bei den folgenden Fonds aktuell nicht als stabil bewerten. Die Fonds haben wir nach Nachhaltigkeitsniveau sortiert.

Security Superior 6 Global Challenges (AT0000A0AA78)

Nachhaltigkeit: ●●●●● 96 %

Anlageerfolg: ●○○○○

Ähnlich wie der Green Effects NAI-Werte orientiert sich auch der Fonds Security Superior 6 Global Challenges an einem speziellen Nachhaltigkeitsindex – und auch dieser stammt aus Deutschland: Die Börse Hannover hat den Global Challenges Index (kurz: GCX) im Jahr 2007 gemeinsam mit der Nachhaltigkeitsrating-Agentur Oekom Research entwickelt. Enthalten sind 50 Aktien von Unternehmen aus der EU und den G-7-Staaten, die besonders dazu beitragen sollen, sieben globale Herausforderungen zu bewältigen: die Bekämpfung des Klimawandels, die Sicherstellung der Trinkwasserversorgung, einen nachhaltigen Umgang mit Wäldern, den Erhalt der Artenvielfalt, Konzepte für eine wachsende Weltbevölkerung, die Bekämpfung der Armut und die Förderung verantwortungsvoller Unternehmensführung.

Der Fonds orientiert sich am GCX, er ist aber durchaus in der Lage, davon abzuweichen. Laut Statuten müssen nur 51 Prozent des Fondsvermögens im Index angelegt sein. Die Beinfreiheit nutzt das Management, um eigene Akzente zu setzen. Auch hier geht es stets um nachhaltige Anlageziele, bei der Auswahl lässt sich das Team von ISS ESG unterstützen, einem weltweit aktiven Vermögensdienstleister, zu dem wiederum auch der Index-Entwickler Oekom Research gehört. Schließlich hat die kleine österreichische Privatbank Schellhammer Capital als treibende Kraft hinter dem Fonds einen eigenen Ethikbeirat eingerichtet, der die Arbeit des Managements kritisch begleitet und überwacht.

Der Fonds hat einen deutlichen Anlageschwerpunkt in Europa, wo etwa die Hälfte des Kapitals investiert ist. Aktien aus den USA machen nur etwa 40 Prozent des Fondsvolumens aus. Das ist – gemessen am Gewicht der USA im weltweiten Börsengeschäft – vergleichsweise wenig.

Insbesondere verzichtet der Fonds auf Aktien der „Magnificent 7", also der sieben größten Technologiekonzerne der USA um Nvidia, Meta, Amazon und Microsoft (siehe Seite 88). Das kostete zuletzt Rendite.

Gut zu wissen: Es gibt noch zwei weitere Fonds mit vergleichbaren Test-Urteilen, die sich auch am GCX orientieren: Zum einen ist das der IPConcept Prima Global Challenges (LU0254565566; Nachhaltigkeit: 5/5 und 96 %, Anlageerfolg: 1/5). Auch dieser Fonds wird aktiv verwaltet, ist also am Index orientiert, wird aber nicht völlig deckungsgleich bestückt; auch der Anbieter Prima lässt sich hierbei von der Nachhaltigkeits-Ratingagentur ISS ESG unterstützen. Der dritte Vertreter der GCX-Fonds ist schließlich der Bantleon Global Challenges Index (DE000A0LGNP3; Nachhaltigkeit: 5/5 und 98 %, Anlageerfolg: 1/5). Dieser Fonds ist ein Indexfonds, der schlicht die Entwicklung des GCX nachvollzieht.

Ökoworld Ökovision Classic (LU0061928585)

Nachhaltigkeit: ●●●●● 96 %

Anlageerfolg: ●○○○○

Der Ökoworld Ökovision Classic ist einer der ältesten und beliebtesten Nachhaltigkeitsfonds in Deutschland. Der Name lässt schon erahnen, dass es bei dem Fonds ursprünglich vor allem um Umweltschutz ging, inzwischen sind aber auch ethische und soziale Ziele dazugekommen. Geblieben ist das hauseigene Nachhaltigkeitsresearch, das sämtliche Ökoworld-Fonds mit Daten für ihre Anlageentscheidung versorgt. Tatsächlich bekommt das Fondsmanagement aus dem Research strenge Auflagen: Investiert werden darf ausschließlich und zu 100 Prozent in Unternehmen, die zuvor nach Blick auf die Daten von einem elfköpfigen Anlageausschuss, besetzt unter anderem mit Vertretern von Umweltschutzorganisationen, eine Freigabe erhalten haben.

Viele der Aktien, die es auf die Empfehlungssite schaffen, stammen aus der zweiten Reihe, sind also kleine und mittlere Unternehmen. Zu diesem Kreis zählt beispielsweise Mobileye Global, ein Unternehmen aus Israel, das Systeme für Fahrassistenz und automatisiertes Fahren entwickelt, mit einem besonderen Augenmerk auf Energieeffizienz. Ein anderer Titel ist der österreichische Hersteller von Ziegelsteinen Wienerberger. Tonziegel gelten als besonders umweltverträglicher und gesunder Baustoff. Aufgabe des Fondsmanagements ist es nun lediglich, sich aus den vorausgewählten Aktien die finanziell interessantesten Titel herauszupicken. Es ist also nicht möglich, dass sich das Fondsmanagement selbst für eine bestimmte Aktie jenseits der Liste stark macht und diese dann quasi nachträglich auf Nachhaltigkeit überprüfen und sich absegnen lässt. Durch die strenge Trennung zwischen Research und Management will der Anbieter mögliche Interessenskonflikte zwischen finanziellen und nachhaltigen Zielen vermeiden.

Dieses durchaus spezielle Nachhaltigkeitskonzept zählt zu den strengsten im Markt. Der hohe Aufwand dafür schlägt sich in den Verwaltungsgebühren nieder. Die Wertentwicklung des Fonds war in den vergangenen Jahren nicht sonderlich berauschend. Auf Fünfjahressicht hatte der Fonds zu Ende Juli 2024 lediglich 3,2 Prozent Plus pro Jahr erzielt. Der MSCI World stieg im selben Zeitraum jährlich um 13,2 Prozent.

Universal GLS Bank Aktienfonds (DE000A1W2CK8)
Nachhaltigkeit: ●●●●● 95 %
Anlageerfolg: ●○○○○

Die genossenschaftliche GLS Gemeinschaftsbank wurde 1974 in Bochum gegründet, ist damit Deutschlands älteste sozial-ökologische Bank – und die größte noch dazu. Der hauseigene Aktienfonds kam 2013 auf den Markt und setzt die strengen Anlage- und Finanzierungsgrundsätze der Bank um, was wiederum ein hauseigener Anlageausschuss überwacht. In den Grundsätzen sind die anthroposophischen Wurzeln der Bank, die einst zur Finanzierung einer Waldorfschule gegründet wurde, noch erkennbar: „Wir nehmen den Menschen in seiner Gesamtheit aus Körper, Seele und Geist ernst", heißt es da unter anderem, man schreibt auch von der „friedliche Koexistenz aller Kulturen", will individuelle Freiheit mit Verantwortung vereinen und die natürlichen Lebensgrundlagen für die Menschheit bewahren.

Ausgeschlossen ist für die Bank dementsprechend ein langer Katalog von Unternehmen. Nicht nur Investments in Waffen, Kohleförderung, Öl, Erdgas oder Atomkraft schließt man kategorisch aus, auch die konventionelle Landwirtschaft und die Gentechnik fallen durch. Im Gegenzug führt die Bank eine lange Liste mit Positivkriterien: Erneuerbare Energien, Bildung und Kultur, Wohnungsbau, Pflegeheime und Mikrofinanzierungen will man aktiv fördern, aber auch alternative Heilmethoden inklusive der Homöopathie. Schließlich legt die GLS Bank Wert darauf, sich aktiv zu engagieren bei den Unternehmen, deren Aktien im Fonds liegen. Die

Analystinnen und Analysten des hauseigenen Nachhaltigkeitsresearchs nehmen dazu immer wieder Kontakt zu Unternehmen auf, wenn strittige Sachverhalte zu klären sind.

Beim Technologiekonzern ASML, der Anlagen für die Halbleiterproduktion errichtet, gab es zuletzt beispielsweise Gespräche über mögliche Arbeitsrechtsverletzungen entlang der Lieferkette, auch eine Richtlinie für emissionsarme Reisen hat die GLS nach eigenem Bekunden angeregt. Beim Betreiber von E-Auto-Ladestationen Fastned mahnte man eine umfangreichere Klimaberichterstattung an. Beim Bio-Lebensmittelhändler Sunopta störte sich das Analyseteam an der hohen Quote konventioneller Lebensmittel im Sortiment – das Unternehmen hat reagiert und will diese nun runterfahren.

Der Fonds hat ein deutliches Übergewicht in Europa. Aktien aus den USA sind zu nicht einmal 30 Prozent vertreten, deutsche Unternehmen machen rund 15 Prozent des Portfolios aus.

Triodos Global Equities Impact (LU0278271951)

Nachhaltigkeit: ●●●●● 92 %

Anlageerfolg: ●●○○○

Die niederländische Triodos Bank, die im Jahr 1980 entstand, hat ihre Wurzeln ähnlich wie die GLS Bank in der anthroposophischen Lehre des österreichischen Reformpädagogen Rudolf Steiner. So will Triodos eine soziale und ökologische Wirtschaft unterstützen und darüber hinaus als Bank einen kulturellen Mehrwert für die Gesellschaft leisten. Eine CO_2-neutrale Wirtschaft, ein Ende der Massentierhaltung, Kleinkredite für den globalen Süden – für solche und ähnliche Forderungen tritt die Bank an vielen Stellen ein.

Ein zentraler Hebel dafür ist für Triodos das sogenannte Impact Investing, für das auch der hier besprochene Fonds Triodos Global Equities Impact steht. Gemeint ist damit, dass die Investitionen möglichst konkret einen positiven Wandel unterstützen sollen, also helfen, die Lebensqualität und eine intakte Natur zu erhalten oder auch Projekte zu finanzieren, die die Menschenrechtslage in der Welt verbessern. Triodos sucht dazu den Austausch mit den Unternehmen im Portfolio, will sie für Nachhaltigkeitsthemen sensibilisieren und so Verbesserungen herbeiführen. Der Fonds wirbt unter anderem mit einem im Vergleich zum MSCI-World-Index deutlich geringeren ökologischen Fußabdruck: Der

CO_2-Ausstoß liegt bloß bei einem Drittel, Wasserverbrauch und Müllaufkommen sind nahezu halb so hoch wie beim MSCI World.

Im Fonds sollen nur Aktien liegen, die Lösungen anbieten zu einem von sieben Nachhaltigkeitsthemen, angefangen von Ernährung über Mobilität und Kreislaufwirtschaft bis zu Gesundheit und erneuerbaren Ressourcen. Zu den Top-Titeln gehören neben einigen Blue Chips auch zahlreiche mittelgroße Unternehmen, beispielsweise der französische Brillenhersteller Essilor-Luxottica oder das US-Unternehmen Advanced Drainage Systems, das Lösungen zum Regen- und Abwassermanagement entwickelt.

Kepler Ethik Aktienfonds (AT0000675665)

Nachhaltigkeit: ●●●●○ 89 %

Anlageerfolg: ●●●○○

Der Vermögensverwalter Kepler ist als Fondsgesellschaft der Raiffeisenlandesbank Oberösterreich ein recht lokaler Anbieter. Zugleich gilt das Haus als einer der Pioniere für moderne Nachhaltigkeitsfonds, die weit über das Thema Umweltschutz hinausgehen. Der Begriff „Ethik", der sich durch die Kepler-Fondspalette zieht, deutet es schon an.

Bei der Auswahl nachhaltiger Unternehmen geht Kepler überaus präzise und kompromisslos zu Werk. Eine lange Liste an harten Ausschlusskriterien kombiniert man mit einer Liste von Positivkriterien .Nach dem Best-in-Class-Prinzip filtert man mithilfe von 800 Kriterien vorbildliche Unternehmen heraus, die es über die sogenannte Prime-Schwelle ihrer jeweiligen Branche schaffen. Das Anlageuniversum schrumpft so von weltweit 6600 Unternehmen auf rund 700 zusammen, aus denen das Fondsmanagement dann das konkrete Portfolio mit etwa 80 Titeln zusammenstellt.

Herausragend streng ist der Ausschluss von Unternehmen, die mit sogenannten Kontroversen zu kämpfen haben, bei denen also beispielsweise arbeitsrechtliche Verfahren oder Verstöße gegen Umweltrecht aktenkundig sind. Zur unabhängigen Überwachung der Arbeit tagt zweimal im Jahr ein etwa zehnköpfiger Ethikbeirat, der auch immer wieder über neue Ausschlüsse und Filter für den Fonds diskutiert. Zum Beirat ein Hinweis: Besonders wünschenswert wäre, wenn dieses unabhängige Gremium konkrete Mitspracherechte bei der Titelauswahl hätte. Das ist bei Kepler allerdings nicht uneingeschränkt der Fall.

Kepler Ethik Quality Aktien (AT0000722657)
Nachhaltigkeit: ●●●●○ 89 %
Anlageerfolg: ●○○○○

Der zweite Kepler-Fonds, der Kepler Ethik Quality Aktien, kombiniert die Nachhaltigkeitsstrategie des „Ethik Aktienfonds" mit einem Anlagestil, der in der Branche gemeinhin als Value-Ansatz beschrieben wird. Gemeint ist damit eine eher konservative Titelauswahl, bei der sogenannte Qualitätsunternehmen im Fokus stehen mit robusten Geschäftsmodellen, einer stabilen Umsatz- und Gewinnentwicklung und einer höheren Dividende; dies alles im Gegensatz zu schnell wachsenden Unternehmen, bei denen die aktuellen Gewinne stärker schwanken oder die sogar Verluste machen können.

Im Ergebnis stecken in diesem Kepler-Fonds deutlich weniger Technologietitel als im vorausgenannten, dafür mehr Aktien aus Sektoren wie Gesundheitswesen oder Telekommunikation. Bei der Rendite konnte der Fonds dadurch in den vergangenen Jahren nicht mit seinem internen Wettbewerber mithalten. In Sachen Nachhaltigkeit steht er ihm allerdings in nichts nach.

Erste Ethik Aktien Global (AT0000A21B05)
Nachhaltigkeit: ●●●●○ 87 %
Anlageerfolg: ●●●○○

Der zweite Fonds des österreichischen Sparkassen-Fondsmanagements Erste trägt statt des Wortes Verantwortung („Responsible") die Ethik im Namen (Erste Ethik Aktien Global) – und dahinter verbirgt sich ein Produkt mit dem Segen der katholischen Kirche. Der Fonds berücksichtigt bei der Geldanlage nämlich die „Richtlinie Ethische Geldanlagen der Österreichischen Bischofskonferenz und der Ordensgemeinschaften Österreich", kurz FinAnKo. Dort geht es um eine „Wirtschaft, die Mensch und Schöpfung dient", um „ethisch-nachhaltige Wertorientierung", Gerechtigkeit, Frieden und die Bewahrung der Schöpfung.

Das klingt vielleicht ein bisschen abstrakt, wird aber von der Kirche durchaus konkret übersetzt in einen präzisen Katalog von Ausschlüssen sowie in besonders förder- und in veränderungswürdige Geschäfte. So sind Bodenspekulationen nach der Richtlinie ebenso verboten wie spekulative Geschäfte, die die Lebensmittelpreise nach oben treiben könnten, und man verwahrt sich auch gegen bestimmte Formen der Reproduktionsmedizin. Fördern möchte man grundsätzlich die Klassenbesten unterschiedlicher Branchen, damit sie als Vorbilder wirken können. Schließlich sieht die sich Kirche auch gefordert, ihre Stimme zu erheben, wenn Kritik an Portfoliounternehmen zu üben ist.

Der Fonds kam im Jahr 2018 ein Jahr nach der Richtlinie der Bischofskonferenz auf den Markt – und versucht seither, Kapitalmarkt und katholische Nachhaltigkeitslehre in Deckung zu bringen.

Abermals findet sich dabei im Ergebnis ein sehr hoher Anteil an US-IT-Konzernen, die es dank diverser Nachhaltigkeitsbemühungen offenbar durch alle Glaubensfilter schaffen. Fast 20 Prozent des Geldes sind angelegt beim Chipproduzent Nvidia, Computerhersteller Apple sowei der Google-Mutter Alphabet. Dieses hohe IT-Gewicht war zuletzt auch dem Anlageerfolg zuträglich.

IFM Acatis Fair Value Aktien Global (LI0017502381)

Nachhaltigkeit: ●●●●○ 86 %
Anlageerfolg: ●○○○○

Vor rund 15 Jahren gründete der Fondsanbieter Acatis um den bekannten Gründer und Vermögensverwalter Hendrik Leber eine eigene Tochter für „Fair-Value"-Investments, also für Anlagen, bei denen es zugleich fair zugeht und nach den Prinzipien der wertorientierten Geldanlage, die Hendrik Leber von der US-Anlegerlegende Warren Buffett übernommen hat. Beim sogenannten Value-Investing geht es kurz gesagt darum, Aktien ausfindig zu machen, denen man aufgrund ihrer Ertragskraft, hohen Substanz und Widerstandsfähigkeit eine besondere Qualität und ein hohes Wertpotenzial zuspricht.

Fair wird der Fonds nun dadurch, dass er ausschließlich in Unternehmen investiert, deren Geschäft mindestens einem der 17 nachhaltigen Entwicklungsziele der Vereinten Nationen (siehe Kapitel 1, Seite 26) zugutekommt. Die Schwerpunkte liegen zum einen auf Unternehmen, die menschliche Grundbedürfnisse wie Ernährung, Gesundheit und Bildung erfüllen, zum anderen auf solchen, die Luft, Gewässer und den Lebensraum an Land schützen und so die Lebensgrundlagen für künftige Generationen bewahren sollen. Laut Acatis schrumpft das investierbare Universum für die „Fair-Value"-Fonds nach Ausschlusskriterien und Bewertung des positiven Beitrags auf 2600 Titel zusammen, drei Viertel der Unternehmen fallen also durch die Prüfung. 2022 flog beispielsweise unter anderem Mercedes Benz wegen zu hoher Anteile an der Rüstungsproduktion aus den Portfolios.

Der Fonds versteht sich als ein sogenannter Impact-Fonds. Er berichtet regelmäßig ausführlich darüber, welche Beiträge die Portfoliounternehmen zu den UN-Nachhaltigkeitszielen leisten, und zwar heruntergebrochen bis auf einzelne Produkte.

Außerdem berechnet die Fondsgesellschaft den CO_2-Fußabdruck des kompletten Portfolios. Hier verdient noch eine Besonderheit Erwähnung: Seit dem Jahr 2021 kompensiert Acatis die Treibhausgasemissionen im Fonds vollständig, und zwar über den Kauf und die Stilllegung entsprechend hoher Emissionsrechte.

Security Superior 4 Ethik Aktien (AT0000A07HU3)

Nachhaltigkeit: ●●●●○ 84 %
Anlageerfolg: ●●○○○

Die Fondsgesellschaft Security, hinter der die Grazer Privatbank Schelhammer Capital steckt, hat diesen nachhaltigen Aktienfonds bereits im Jahr 1997 aufgelegt. Er ist einer von aktuell sechs Fonds der Superior-Reihe (siehe auch den Security Superior 6 Global Challenges auf Seite 95). Der Fonds investiert unter Beachtung strenger Nachhaltigkeitskriterien in zwei Bereichen. Einmal in „Global Brands", also Aktien von Unternehmen mit besonders wertvollen Marken. Und dann noch in „Global Innovators": Darunter fasst das Management Unternehmen, die sich mit weltweiten Herausforderungen und Megatrends befassen, also beispielsweise mit Demografie oder neuer Technologie.

Daraus entsteht im Fonds ein recht hoch konzentriertes Portfolio mit um die 60 Positionen. Prominent vertreten sind sowohl bekannte Marken wie Coca-Cola, Oracle oder American Express als auch innovative Titel wie der in Nachhaltigkeitsfonds aktuell überaus beliebte Pharmakonzern Eli Lilly, Investorenliebling Nvidia oder Salesforce. Zwei Drittel des Fonds sind in den USA investiert. Für das ethische Fundament bei der Auswahl sorgen ein Beirat und die Beachtung der „Richtlinie Ethische Geldanlagen" der österreichischen Bischofskonferenz und der evangelischen Kirche in Deutschland.

Erste Responsible Stock Dividend (AT0000A1QA79)
Nachhaltigkeit: ●●●●○ 84 %
Anlageerfolg: ●○○○○

Gleich drei Mal sind die Sparkassen in Österreich mit der Erste Asset Management im Club der nachhaltigsten Weltfonds vertreten. Die Erste taucht in der Liste der zu empfehlenden Fonds mit hohem oder sehr hohem Nachhaltigkeitsniveau insgesamt häufiger auf als jede andere Kapitalanlagegesellschaft. Das liegt nicht zuletzt daran, dass sie sich seit vielen Jahren systematisch auf dieses Anlagesegment spezialisiert und so eine besonders breite Palette an Fonds im Angebot hat. Der oben bewertete Erste Responsible Stock Dividend ist ein gutes Beispiel dafür, wie sehr sich der Markt für nachhaltige Fonds bei einigen Anbietern inzwischen ausdifferenziert hat.

Die Erste kombiniert bei diesem Fonds ihre Methode für verantwortliches Investieren, wie wir sie bereits beim Responsible Stock Global erklärt haben (siehe Seite 94), mit einem klassischen Investmentstil aus der konventionellen Anlagewelt: dem Fokus auf Dividende. Das bedeutet: Bei der Auswahl der Portfoliounternehmen achtet das Management neben der Nachhaltigkeit auch auf Aktien mit attraktiven Dividendenrenditen und vergleichsweise geringen Kursschwankungen.

Heraus kommt dabei, man ahnt es schon, ein deutlich defensiv ausgerichteter Nachhaltigkeitsfonds für Anlegerinnen und Anleger, denen planbare laufende Erträge wichtiger sind als Wachstumsfantasien.

Im Fonds dominieren Aktien von Basiskonsumgüterherstellern wie Procter & Gamble, Pepsico oder Colgate Palmolive, Titel aus der Industrie, dem Finanz- und Gesundheitswesen. Die zuletzt boomenden IT-Konzerne spielen hingegen kaum eine Rolle, und der Anlageerfolg litt im Börsenboom der vergangenen Jahre stark unter der defensiven Grundausrichtung.

In Sachen Nachhaltigkeit fallen beim Erste Responsible Stock Dividend mit seinen grundsätzlich strengen Regeln nur zwei Themen negativ auf. Erstens ist man in Sachen Alkohol und Tabak zu einigen Zugeständnissen bereit. Zweitens hat der von der Ersten Asset Management eingesetzte Nachhaltigkeitsbeirat zwar Mitspracherechte bei der Festlegung des grundsätzlichen Investmentansatzes, nicht jedoch bei der Auswahl einzelner Unternehmen.

Nachhaltige Welt-ETF

Marktähnliche nachhaltige Indexfonds, die wir als 1.-Wahl-ETF empfehlen, sind dauerhaft gut, was die Performance angeht. Sie kommen jedoch mit drei Punkten über ein mittelstrenges Niveau an Nachhaltigkeit kaum hinaus.

Ein sehr hohes Nachhaltigkeitsniveau ist mit rein passiven Fonds nicht zu erzielen, das hat die Fondsanalyse von Finanztest offenbart. Ein mittleres Niveau ist allerdings durchaus erreichbar. Wer bei der nachhaltigen Geldanlage im Schwerpunkt darauf schaut, bestimmte Branchen und Akteure auszuschließen, wird also auch hier fündig. Und zwar zu deutlich geringeren Kosten als bei den aktiv verwalteten Fonds mit höherem Anspruchsniveau – darin liegt einer der größten Vorteile der Geldanlage mit ETF. Ein weiterer Pluspunkt: Man weiß, was man hat. Denn anders als bei den aktiv verwalteten Fonds folgen die ETF einer festen Programmierung. Wer weiß, wie der Index funktioniert, der dahinterliegt, bekommt genau, was er will.

Auffällig bei den ETF, die im Nachhaltigkeitsranking immerhin 3 von 5 möglichen Punkten erzielten: Die Indexmacher konzentrieren sich überwiegend auf Umweltthemen. Die Ansprüche bei den Nachhaltigkeitssäulen Soziales und Governance sind im Gegenzug deutlich geringer. So schaffen es beispielsweise Unternehmen mit ambitionierten Klimazielen in fast alle nachhaltigen Indizes, selbst wenn es auf anderen Feldern wie Arbeitnehmerrechten oder Korruption immer wieder zu Kontroversen oder juristischen Auseinandersetzungen kommt.

Ein Beispiel dafür ist der Elektroautobauer Tesla, der sich regelmäßig mit Vorwürfen von Beschäftigten auseinandersetzen muss, die die Arbeitsbedingungen kritisieren. Auch Microsoft findet sich in zahlreichen Indizes, nicht zuletzt, weil das Unternehmen nach eigenen Angaben bereits seit dem Jahr 2012 CO_2-neutral wirtschaftet und bis 2030 sogar CO_2-negativ werden will, inklusive seiner kompletten Lieferkette. In Bezug auf Kontroversen steht das Unternehmen dagegen definitiv deutlich schlechter da, denn Microsoft sorgt immer wieder für negative Schlagzeilen beispielsweise in Bezug auf Datenschutz und manche Arbeitsbedingungen.

Wichtig bei der Betrachtung der folgenden ETF ist also: Klimaneutral allein heißt noch lange nicht nachhaltig auf allen Feldern. Und wer einen grünen ETF kauft, sollte insbesondere mit Blick auf das „S" und das „G" in ESG wissen, was er bekommt – und was nicht.

Ein einziger ETF erzielte übrigens vier Nachhaltigkeitspunkte: der Invesco Quantitative Strategies ESG Global Equity Multi Factor (Isin IE00BJQRDN15). Dabei handelt sich aber um keinen passiven, sondern einen aktiv gemanagten ETF – und damit nicht um ein markttypisches Produkt. Ähnliches gilt für den Bantleon Global Challenges Index (DE000A117561), der sogar die Höchstbewertung von fünf Nachhaltigkeitspunkten bekam. Auch dieser Fonds ist aber aktiv verwaltet, wenngleich indexorientiert, und gehört als Exot nicht hierher. Über den Global-Challenges-Index, an dem sich weitere aktive Fonds orientieren, berichten wir zuvor genauer (ab Seite 95).

Die hier folgenden ETF betrachten wir trotz aller Vorbehalte als 1. Wahl. Das bedeutet, dass die Fonds allesamt einen breiten Markt abdecken. 1. Wahl in Bezug auf die Strenge in Sachen Nachhaltigkeit sind sie aber nicht – vielmehr sind es alle weltweiten passiven Aktien-ETF aus dem Vergleichsfeld, die drei von fünf Nachhaltigkeitspunkten erzielten. Sortiert haben wir die Fondsliste auch hier absteigend nach ihrem Nachhaltigkeitsniveau.

BNP Paribas Easy MSCI World SRI S-Series PAB 5% Capped
(LU1291108642)

Nachhaltigkeit: ●●●○○ 72 %
Anlageerfolg: **1. Wahl** (marktähnliche ETF)

MSCI ist der größte Indexanbieter der Welt und Lieferant der Wahl für die Indizes aller hier genannten weltweiten 1.-Wahl-ETF mit nachhaltigem Anstrich. Das Prinzip, nach dem MSCI seine diversen Reihen an nachhaltigen Indizes kreiert, ist stets identisch: Ausgehend von seinen marktbreiten Weltindizes sortiert man für diese Reihen einige Unternehmen aus – und formt aus dem Rest einen neuen Index. Die Formel lautet also „MSCI World minus X". Und das „minus X" ist in diesem Fall gefüllt mit zwei Komponenten.

Beginnen wir beim Kürzel „SRI S-Series". Das steht für einen Auswahlindex, der spezielle Maßstäbe und Kriterien wählt, um zu einem „Socially Responsible Investing" zu kommen. MSCI versteht darunter ein zweistufiges Vorgehen – und das ist deutlich strenger als das Vorgehen bei Indizes mit ESG-Kürzel, die man auch anbietet. Im ersten Schritt schließt man alle Unternehmen aus, die gegen Werte und Prinzipien wie den UN Global Compact (S. 36) verstoßen, die ein besonders schwaches ESG-Rating haben oder einen ganz besonders schlechten Kontroversen-Score. Beides, ESG-Rating und Kontroversen-Score, weist MSCI für alle Unternehmen im Weltindex nach eigenen Methoden über eine Menge Kennzahlen aus.

Im zweiten Schritt kommt ein „Best-in-Class"-Filter dazu. Dafür sortiert der Indexanbieter die verbliebenen Unternehmen nun getrennt nach Branchen und Sektoren gemäß ihrem ESG-Rating. In den SRI-Index kommt das beste Viertel dieser Unternehmen – gemessen an der Marktkapitalisierung. Unterm Strich schafft es etwa ein Fünftel der Unternehmen aus dem Mutterindex in den Subindex der „SRI S-Series".

Das anschießende Kürzel „PAB" steht für Paris Aligned Benchmark und weist darauf hin, dass sich der Index am Pariser Klimaabkommen orientiert. Wie? Nun, er ist so berechnet, dass die Indexunternehmen mindestens 50 Prozent weniger CO_2 verbrauchen als das gesamte Anlageuniversum und zusätzlich pro Jahr den Ausstoß um 7 Prozent senken. Die Benchmark mit dem 50- und 7-Prozent-Ziel stammt übrigens von der Europäischen Kommission. Seit 2022 müssen alle großen Indexanbieter in der EU auch Klimawandel-Benchmarks wie PAB veröffentlichen. Indem die dreckigsten Unternehmen der Kohle-, Öl- und Gasindustrie ohnehin aus dem SRI-Index fliegen, ist zumindest das erste PAB-Ziel allerdings nicht allzu schwer zu erreichen.

Zum Abschluss steht der Hinweis „5 % Capped", auf Deutsch gedeckelt bei 5 Prozent, dafür, dass im Index kein einzelner Titel auf Dauer mehr als 5 Prozent Gewicht haben darf. Damit gewährleistet MSCI, dass Aktien einzelner Unternehmen den Index nicht dominieren können, auch wenn sie an der Börse sehr wertvoll werden.

Detail am Rande für historisch interessierte Anleger: Der ETF ist deutlich älter als der Index, der ihm heute zugrunde liegt. Und so erfährt man im Rückblick einiges über die Entwicklungsschritte bei Index-Investments in Sachen Nachhaltigkeit. Bis 2017 hieß der ETF nämlich noch „MSCI World ex Controversial Weapons" und war dementsprechend ein Fonds, der lediglich eine Handvoll Unternehmen ausklammerte, die kontroverse Waffen wie Landminen, Streumunition, Uranmunition, chemische und biologische Waffen herstellen. Der Schub in Richtung SRI-Investment ist also eine sehr junge Entwicklung.

Amundi MSCI World SRI Climate Net Zero Ambition PAB (IE000Y77LGG9) **und MSCI ACWI SRI PAB** (IE0000ZVYDH0)

Nachhaltigkeit: ●●●○○ 69 %
Anlageerfolg: 1. Wahl (marktähnliche ETF)

Diese beiden ETF sind trotz der unterschiedlichen Namen eng verwandt, weshalb wir sie gemeinsam vorstellen. Sie bilden die Wertentwicklung der Subindizes SRI Filtered PAB auf den MSCI World beziehungsweise MSCI ACWI ab. Der MSCI World bietet als Ausgangslage eine Liste von rund 1500 Aktien aus 23 Industriestaaten. Der MSCI All Country World Index, kurz ACWI, umfasst rund doppelt so viele Unternehmen aus 47 Ländern. Hier kommen zu den Industriestaaten wie USA, Japan oder Deutschland noch Aktien aus 24 Schwellenländern wie China, Indien und Brasilien hinzu.

Die SRI-Methode führt dann in beiden Fällen zum bekannten Doppelschritt: Zunächst fallen all jene Unternehmen raus, die bestimmte ESG-Mindeststandards reißen. Im zweiten Schritt kommen nur noch die besten 25 Prozent der Unternehmen in den Index, die die erste Runde überstanden haben. Im Ergebnis sind von den fast 3000 Titeln aus dem MSCI ACWI in der „SRI-Filtered-PAB"-Variante weniger als 500 übrig. Damit sich der Subindex nicht völlig anders entwickelt als der Mutterindex, passt MSCI am Ende schließlich noch die Verteilung der Sektoren-Gewichte im Fonds an den Ausgangsindex an. In den ACWI-Fonds sind beispielsweise IT-Konzerne insgesamt mit rund 20 Prozent Gewicht vertreten – im SRI-gefilterten Fonds verteilt sich dieser Anteil eben nur auf deutlich weniger Unternehmen.

Das PAB, Langform Paris Aligned Benchmark, steht hier wiederum für die EU-Benchmark, nach der die Unternehmen im Fonds 50 Prozent weniger CO_2 ausstoßen sollen als die im Mutterindex. Zudem soll der CO_2-Fußabdruck des Fonds jährlich um 7 Prozent schrumpfen. Dazu können entweder die Unternehmen im Index ihre Emissionen im Schnitt entsprechend senken. Oder der Index ändert die Zusammensetzung, um sein Reduktionsziel zu erreichen.

Anleger bekommen mit den Fonds also ein deutlich konzentriertes Portfolio, das Nachhaltigkeit ausschließlich über Ausschlüsse von Unternehmen aus den Mutterindizes erzielt. Zugleich bleiben die Fonds durch die Index-Gestaltung nah an der Zusammensetzung des jeweiligen Gesamtmarkts.

UBS MSCI World (LU0629459743) **und MSCI ACWI Socially Responsible** (IE00BDR55471)

Nachhaltigkeit: ●●●○○ 63 %

Anlageerfolg: 1. Wahl (marktähnliche ETF)

Diese beiden ETF stammen aus der Indexfamilie „SRI Low Carbon Select 5 % Issuer Capped" auf den MSCI World beziehungsweise den MSCI ACWI. Wem angesichts der vielen Kürzel der Kopf schwirrt, dem sei hier abermals die Systematik erklärt: Den Ausgangspunkt für die Indizes bilden rund 1500 beziehungsweise 3000 Aktien von Unternehmen aus den 23 Industriestaaten (MSCI World) beziehungsweise 47 Industrie- und Schwellenländern (MSCI ACWI). Nach der SRI-Methode findet weniger als ein Viertel dieser Unternehmen den Weg in den Fonds. Die größten Umwelt- und Sozialsünder fallen komplett raus, danach kommen drei Viertel der übrigen Aktien mit den schwächsten ESG-Ratings ebenfalls in den Ablagestapel.

Zusatz „Low Carbon Select" bedeutet im Gegensatz zur „SRI S-Series" (siehe Seite 105) einen noch härteren Filter in Bezug auf fossile Energieträger. Während die S-Serie bei Unternehmen noch gewisse Anteile an Gas- und Ölproduktion erlaubt und sogar einen kleinen Anteil Kraftwerkskohle zur Energieerzeugung toleriert, ist all das bei den Low-Carbon-Select-ETF komplett ausgeschlossen – ebenso wie jegliche Kernenergie-Aktivitäten.

Die Fonds dieser Serie sind also besonders geeignet für Anleger, die Produzenten fossiler Energie komplett ausschließen wollen. Die MSCI-World-Version ist übrigen bereits seit dem Jahr 2011 auf dem Markt und zählt zu den beliebtesten nachhaltigen ETF im Markt.

Invesco MSCI World ESG Climate Paris Aligned Benchmark Select (IE000V93BNU0)

Nachhaltigkeit: ●●●○○ 62 %

Anlageerfolg: 1. Wahl (marktähnliche ETF)

Dieser recht junge ETF (seit Ende 2021 am Markt) fliegt bislang im Vergleichsfeld ziemlich unter dem Radar. Er bildet den „Climate Paris Aligned Benchmark Select Index" von MSCI nach. Verbunden damit sind zwei Ziele: Erstens kehrt der Index all jene Unternehmen hinaus, die man mit einem ESG-Rating von „BB“ oder schlechter bewertet oder die in schmutzigen Branchen aktiv sind. Zweitens filtert man Unternehmen heraus, die ihre Kohlenstoffemissionen gemäß dem Pariser Klimaabkommen reduzieren wollen. Der Indexfonds soll die im Fondspaar zuvor genannten PAB-Mindeststandards sogar noch übertreffen und so helfen, ein Anlagedepot nach Klimazielen auszurichten. Die Unterschiede zu den zuvor genannten ETF sind gering.

iShares MSCI World (IE00BYX2JD69) **und ACWI SRI** (IE00013A2XD6)

Nachhaltigkeit: ●●●○○ 60 %
Anlageerfolg: **1. Wahl** (marktähnliche ETF)

Den Reigen der offen gestanden dem Namen nach einigermaßen schwer auseinanderzuhaltenden nachhaltigen weltweiten 1.-Wahl-ETF schließt ein Pärchen des Marktführers Blackrock mit seiner ETF-Marke iShares. Diese ETF, erneut einmal in der Industrieländervariante basierend auf dem MSCI World und einmal in der breiteren ACWI-Variante, die auch Schwellenländer umfasst, orientieren sich ebenfalls an einem der strengsten SRI-Auswahlindizes von MSCI. In diesem Fall handelt es sich um den MSCI World beziehungsweise ACWI SRI Index „Select Reduced Fossil Fuels“.

Was ist das nun wieder? Grundsätzlich legt MSCI auch hier wieder seinen doppelten Ausschlussfilter an. Man verbannt also die größten Sünder und wählt anschließend bloß das stärkste Viertel an Aktien aus dem Angebot aus, das es durch den Filter geschafft hat. Hinzu kommen nun in dieser Variante noch ein paar spezielle Filterkriterien bei fossilen Energieträgern.

Hier gibt sich die „Reduced“-Serie erstens etwas lockerer als die zuvor genannten ETF auf die „Low Carbon“-Indizes, was das Thema Atomenergie angeht. Zweitens nimmt der Index sogar Unternehmen auf, die gewisse Anteile an fossilen Brennstoffen verwerten. Auch hier wird bei der Auswahl also etwas mehr geduldet. Unterm Strich sind dadurch in diesem ETF etwa 30 Unternehmen aus dem Energiesektor mehr zugelassen als beim „SRI Low Carbon Select“. Der Unterschied, den wir bei der Nachhaltigkeit feststellen können, ist damit allerdings gering. Und auch bei der Performance liefern die beiden Indexfonds-Familien recht ähnliche Ergebnisse.

Nachhaltige Rentenfonds

In ausgewogene Anlagedepots gehören auch festverzinsliche Wertpapiere. Auch in diesem Segment genügen nur wenige Fonds höchsten Nachhaltigkeitsansprüchen, wie ein Test zeigt.

Bei der nachhaltigen Geldanlage stehen aus guten Gründen die Aktienfonds im Zentrum der Aufmerksamkeit, denn sie sind auf Dauer die wichtigste Renditequelle. Für ein gut gemischtes grünes Investment braucht es jedoch auch Zinsanlagen. Diese sind fester Bestandteil im Pantoffel-Portfolio, der von uns empfohlenen Anlagestrategie (siehe dazu Kapitel 4, Seite 68).

Nach dem Ende der langen Niedrigzinszeit bieten sich als Sicherheitsbaustein neben Tages- und Festgeld bei grünen Banken nun auch wieder nachhaltige Rentenfonds (auch Anleihefonds genannt) an. Daher haben wir 121 Rentenfonds aus drei Gruppen auf ihr Nachhaltigkeitsversprechen hin untersucht, die sich für einen solchen Baustein im Depot besonders gut eignen: Fonds mit Euro-Staatsanleihen, Fonds mit einem Mix aus Euro-Staats- und Euro-Unternehmensanleihen sowie Fonds mit Staatsanleihen aus Deutschland. Ähnlich wie bei der Analyse der Aktienfonds hilft die Bewertung von Anlageerfolg und Nachhaltigkeit, solche Produkte zu finden, die den eigenen Vorstellungen am besten entsprechen. In diesem Kapitel finden Sie Porträts der Fonds, die in unserer Untersuchung im Mai 2024 am besten abgeschnitten haben. Die Details zur Analyse erklären wir in Kapitel 3 ab Seite 51. Tabellen mit detaillierten Ergebnissen finden Sie im Serviceteil ab Seite 150.

Die große Euro-Enttäuschung

Wer bislang dachte, Staatsanleihefonds seien nicht nur eine sichere, sondern auch eine grüne Bank fürs Depot, dürfte nach unserem Test mindestens ernüchtert sein. Die Nachhaltigkeitsbestnote von fünf Punkten hat kein einziger untersuchter Fonds erreicht. Acht Fonds haben immerhin die zweitbeste Note von vier Punkten erhalten, darunter vier ETF mit deutschen Staatsanleihen und vier aktiv gemanagte Fonds, die in einen Mix aus Staats- und Unternehmensanleihen investieren. Fonds mit nachhaltigen Euro-Staatsanleihen, eigentlich erste Wahl für den Sicherheitsbaustein in unserem Pantoffel-Portfolio, enttäuschten dagegen auf ganzer Linie. Mit ihnen lässt sich allenfalls ein mittelmäßiges Nachhaltigkeitsniveau erzielen. Mehr noch: In Bezug auf unser exklusives nachhaltiges Länderrating (siehe Seite 63) schneiden grüne Euro-Staatsanleihen-Fonds nicht großartig anders ab als die nicht nachhaltigen Vergleichsindizes dieser Fonds. Europas Länder erzielen in Bezug auf die ESG-Kriterien eben häufig ein mittelstrenges Niveau – dazu braucht es gar keinen expliziten Nachhaltigkeitsfilter in der Anlagestrategie.

Fonds auf Bundeswertpapiere

Das schlechte Abschneiden von Euro-Staatsanleihen-Fonds brachte uns bei unserer Untersuchung im Mai 2024 auf den Gedanken, auch Rentenfonds in die Bewertung aufzunehmen, die auf deutsche Bundeswertpapiere setzen, und zwar keine als grün deklarierten, sondern ganz konventionelle Fonds. Zwar sind sie nicht explizit nachhaltig, aber implizit.

Bei Deutschland passt eben vieles: Im Länderrating zählt der Staat zu den Top Ten unserer 216 Kandidaten (siehe Seite 150). Die Atomkraft ist abgeschaltet, die Freiheitsrechte erreichen beste Noten, und die internationalen Abkommen zur Ächtung kontroverser Waffen hat der Staat auch alle unterzeichnet.

GERINGES RISIKO, HOHE NACHHALTIGKEIT: Da die Bundesrepublik Deutschland als erstklassige Schuldnerin gilt, ist zudem das Anlagerisiko äußerst gering. Die besten Deutschland-Rentenfonds bieten damit für das grüne Depot eine bedenkenswert hochwertige Alternative zu nachhaltigen Euro-Staatsanleihe-Fonds. Selbst wenn gar nicht explizit „grün" draufsteht.

Konkret haben uns vier ETF mit deutschen Staatsanleihen so sehr überzeugt, dass wir ihnen in unserem Nachhaltigkeitsrating vier von fünf Punkten bescheinigt haben. Alle vier bilden zudem den Markt breit ab und bieten gemessen am Chance-Risiko-Verhältnis dauerhaft einen guten Anlageerfolg, sodass wir sie als „1. Wahl" empfehlen. Es sind:

- Deutsche Börse Eurogov Germany (DE000ETFL177),
- iShares eb.rexx Government Germany (DE0006289465),
- iShares Germany Government Bond (IE00B5V94313) sowie
- Xtrackers Germany Government Bond (LU0643975161).

Fonds auf Euro-Staats- und Unternehmensanleihen

Unter den Fonds, die Euro-Staats- und Unternehmensanleihen mischen, haben uns vier aktiv gemanagte Fonds am meisten überzeugt. Sie alle bieten ein hohes Nachhaltigkeitsniveau, also vier von fünf möglichen Punkten, und zudem einen mindestens mittelmäßigen Anlageerfolg. Erwähnenswert ist zudem der GLS Bank Rentenfonds (DE000A3ERM10). Auch er hat vier Nachhaltigkeitspunkte erzielt. Weil der Fonds aber erst im November 2023 aufgelegt wurde, kann er von uns noch keine Bewertung für den Anlageerfolg erhalten. Dafür warten wir stets fünf Jahre ab.

Stabile Euro-Rentenfonds

Die beiden folgenden Fonds mit Euro-Staats- und Unternehmensanleihen punkten sowohl mit einem hohen Niveau bei der nachhaltigen Strategie als auch mit einem stabilen Anlageerfolg:

Kepler Ethik Rentenfonds (AT0000642632)

Nachhaltigkeit: ●●●●○ 85 %

Anlageerfolg: ●●●●○

Der Kepler Ethik Rentenfonds ist kein dezidierter Euro-Rentenfonds, sondern legt weltweit in Anleihen an, die ökologische und soziale Nachhaltigkeitskriterien beachten. Rund die Hälfte des Geldes ist in Staatsanleihen investiert, mit Schwerpunkten unter anderem in Spanien, Österreich und Belgien. Der Rest steckt in Unternehmensanleihen überwiegend hoher Bonitätsstufen. Da alle Anleihen im Fonds entweder in Euro-Währungen begeben oder aber in Euro abgesichert werden, passt er gleichwohl in unsere Kategorie der Euro-Rentenfonds.

Die Fondsgesellschaft Kepler gehört der oberösterreichischen Raiffeisenlandesbank, ist also ein genossenschaftliches Institut mit langer Historie bei Thema Nachhaltigkeit. Wir sind ihr auch schon bei den Aktienfonds begegnet. Bei der Auswahl der Staatsanleihen für den Fonds verlässt Kepler sich einerseits auf ein ESG-Länderrating des Anbieters ISS und achtet andererseits auf einen strengen Katalog mit ethischen Ausschlusskriterien zu Themen von Rüstungsausgaben über Tierversuche bis Kinderarbeit. Lobenswert ist die hohe Transparenz des Anbieters. Kepler bietet – nach eigenen Angaben als einziger Anbieter aktiv gemangter Fonds im deutschsprachigen Raum – im Internet tagesaktuelle Listen mit sämtlichen Positionen des Fonds an.

Erste Responsible Bond (AT0000686084)
Nachhaltigkeit: ●●●●○ 82 %
Anlageerfolg: ●●●○○

Auch der Erste Responsible Bond kommt aus Österreich, in diesem Fall aus dem Lager der Sparkassen. Er wurde von Erste Asset Management aufgelegt, einem Anbieter, den wir auch schon bei den Aktienfonds kennengelernt haben. Der Erste Responsible Bond ist bereits seit mehr als 20 Jahren am Markt und derzeit überwiegend in europäische Unternehmens- und Bankanleihen sowie Pfandbriefe investiert.

Etwa 30 Prozent der Kundengelder sind in Staatsanleihen angelegt, die wichtigsten Investitionsländer sind Frankreich, Österreich und Italien. Die Erste lässt dem Fondsmanagement besonders große Freiheiten bei der Wahl der Anleihen, der Fonds folgt dezidiert keinem speziellen Index. Vielmehr darf der Fonds laut Prospekt nur „Unternehmen, in deren Geschäftspolitik die Verwaltungsgesellschaft eine ausreichende nachhaltige Ausrichtung erkennen kann", berücksichtigen. Dazu setzt die Erste auf eigene Analysen, auf externe Ratingagenturen, auf einen Ausschlusskatalog und auf einen Ethik-Beirat, der regelmäßig die Nachhaltigkeit überprüft.

Weitere Euro-Rentenfonds

Der Monega Steyler Fair Invest Bonds sowie der Erste Ethik Anleihen liefern ebenfalls ein hohes Niveau an Nachhaltigkeit. Auch der Anlageerfolg hat zuletzt gepasst, war aber nicht ganz so stabil wie bei den beiden stabilen Euro-Rentenfonds:

Monega Steyler Fair Invest Bonds (DE000A1WY1N9)
Nachhaltigkeit: ●●●●○ 89 %
Anlageerfolg: ●●●●○

Die Steyler Missionare und Missionsschwestern bieten mit diesem Fonds ein Pendant zum ebenfalls streng nachhaltigen Aktienfonds (siehe Seite 119) auf der Rentenseite. Der Ansatz ist vergleichbar mit dem des Aktienfonds. Im Fonds stecken vorwiegend Unternehmensanleihen hoher Bonität, als Beimischung kommen bis zu 20 Prozent Wandelanleihen dazu. Staatsanleihen und Pfandbriefe dienen ebenfalls als Beimischung je nach Marktphase.

Zum Einsatz kommt bei der Auswahl eine Mischung aus Ausschlusskriterien und Positivauswahl anhand eines speziellen Katalogs ethischer und nachhaltiger Kriterien, die die Ordensleute zusammen mit der Ratingagentur ISS aufgestellt haben. Die Steyler Bank betont dabei gern einen Dreiklang aus Kultur-, Natur- und Sozialverträglichkeit, legt also nicht nur Wert auf grüne Investments, sondern auch auf die anderen Facetten der Nachhaltigkeit. Hervorzuheben ist zudem, dass ein unabhängiger Beirat mit besonders großem Mitspracherecht auf die Strategie existiert.

Der Fonds ist nominell weltweit investiert, hält aber von wenigen Ausnahmen abgesehen fast ausschließlich europäische Titel. Daher führen wir ihn auch in dieser Kategorie.

Erste Ethik Anleihen (AT0000822416)

Nachhaltigkeit: ●●●●○ 83 %

Anlageerfolg: ●●●○○

Auch der Fonds Erste Ethik Anleihen hat eine Entsprechung im Aktienfondsuniversum (siehe Seite 100). Der Anleihefonds wird genau wie das Pendant aus dem Aktienuniversum nach der „Richtlinie Ethische Geldanlagen der Österreichischen Bischofskonferenz und der Ordensgemeinschaften Österreich" geführt. Alle Anleihen dieses weltweit investierten Fonds müssen damit die ethischen und ökologischen Standards der katholischen Kirche des Landes erfüllen.

Gekauft werden festverzinsliche Wertpapiere guter bis sehr guter Bonität mit der Mindestratingnote A- oder vergleichbarer Güte, wobei in dem Fonds fast ausschließlich Staatsanleihen liegen. Fremdwährungen werden in der Regel in Euro abgesichert, bis zu 10 Prozent dürfen laut Fondsstatuten theoretisch unbesichert bleiben. Mit einem Anlagevolumen von um die 50 Millionen Euro (Stand: 30. August 2024) kratzt der Fonds derzeit an der Untergrenze dessen, was man auf Dauer eigentlich an Volumen für ein effizientes Fondsmanagement benötigt.

06

Die besten Beimischungen im Porträt

116 Aktienfonds und -ETF Europa
123 Aktienfonds und -ETF Schwellenländer
125 Weitere nachhaltige Fondsarten

Aktienfonds und -ETF Europa

Weltweit anlegende nachhaltige Fonds eignen sich grundsätzlich als Fundament für das Anlagedepot. Als Ergänzung kommen auch Europafonds infrage. Die Testsieger im Porträt.

Europafonds sind eine gute Beimischung für den Aktienteil bei der Geldanlage, vor allem, da in vielen weltweit anlegenden Fonds überwiegend Titel aus den USA vertreten sind. Bei der Bewertung der Nachhaltigkeit schafft jedoch keiner der Fonds das höchste Niveau. Selbst die besten erzielten bloß vier von fünf Punkten. Allerdings sind die Fonds im Schnitt in den vergangenen Jahren aus Renditegesichtspunkten etwas erfolgreicher gewesen als ihre weltweiten Pendants, jedenfalls im Vergleich zum konventionellen Anlageuniversum, in dem sie sich bewegen. Das liegt vor allem daran, dass am Weltmarkt zuletzt neben den Big-Oil-Konzernen die großen US-Technologiekonzerne das Geschehen dominierten, die teilweise nicht in den nachhaltigen Weltfonds vertreten sind. In Europa sind diese Gewinnersektoren der vergangenen Jahre nicht so stark vertreten – und so ist den Nachhaltigkeitsfonds im Vergleich zu den herkömmlichen Europafonds nicht so viel Rendite entgangen.

Stabile Aktienfonds Europa

Lediglich drei Europafonds haben uns bei unserem jüngsten Test im Juli 2024 doppelt überzeugt: mit einem hohen Grad an Nachhaltigkeit und zugleich mit stabilem Anlageerfolg. Hier das Trio im Fondsporträt:

LBBW Nachhaltigkeit Aktien (DE000A0NAUP7)

Nachhaltigkeit:	●●●●○	81 %
Anlageerfolg:	●●●●○	

Die LBBW Asset Management ist ein Fondsanbieter aus dem Lager der deutschen Sparkassen und befasst sich bereits seit vielen Jahren mit nachhaltiger Geldanlage. Der LBBW Nachhaltigkeit Aktien kam 2008 auf den Markt und gehört zu den strengeren europäischen Nachhaltigkeitsfonds mit der derzeit höchsten Rendite. Bei der Titelauswahl geht die LBBW mehrstufig vor. Zunächst durchlaufen rund 1500 europäische Unternehmen das ESG-Rating der Ratingagentur ISS ESG. Nach dem doppelten Filter aus Ausschlusskriterien und anschließender Best-in-Class-Selektion bleiben davon rund 350 Titel übrig. Diese werden anschließend vom LBBW-eigenen Analyseteam nach Fundamentaldaten auf ihre finanziellen Chancen hin abgeklopft. Schließlich trifft dann das Fondsmanagement die konkreten Anlageentscheidungen.

Wer in den Fonds investiert, sollte wissen, dass der LBBW Nachhaltigkeit Aktien ein hoch konzentriertes Aktienportfolio bildet. Derzeit liegen nicht einmal 60 Titel im Anlagevermögen, die Top-Aktien sind mit fast 10 Prozent vertreten. Das hat dem Fonds dank erfolgreicher Einzeltitelauswahl in den vergangenen Jahren zu hohen Renditen verholfen, birgt aber auch ein gewisses Risiko, weil das Management teilweise mit hohen Anteilen in einzelne Werte einsteigt, wenn man diese als besonders chancenreich identifiziert hat. Zu diesen Top-Positionen gehören aktuell beispielsweise der dänische Biotech-Konzern Novo-Nordisk und das niederländische Halbleiter-Unternehmen ASML.

Erste Responsible Stock Europe (AT0000645973)
Nachhaltigkeit: ●●●●○ 81 %
Anlageerfolg: ●●●●○

Dies ist ein weiterer Fonds der österreichischen Sparkassen-Fondsgesellschaft Erste Asset Management, die mit insgesamt vier verschiedenen Produkten in der Top-Auswahl der nachhaltigsten Aktienfonds vertreten ist – und neben den drei weltweit investierten Produkten auch einen von nur vier nachhaltigen stabilen Europafonds stellt. Die Methode, nach der die Erste ihre nachhaltigen Fonds mit Aktien bestückt, haben wir weiter vorn beim Erste Responsible Stock Global (siehe Seite 94) schon detailliert erklärt. Der Europafonds folgt hier konzeptionell dem weltweit investierten Fonds, wendet das Verfahren lediglich auf den Anlageraum Europa an.

Genau wie beim weltweiten Schwesterfonds genießt das Management – innerhalb der Liste an Anlagezielen, die nicht in den Nachhaltigkeitsfiltern hängen geblieben sind – große Freiheiten bei der Einzeltitelauswahl. Im Ergebnis entsteht hier ähnlich wie beim zuvor besprochenen LBBW-Fonds ein recht konzentriertes Portfolio, in dem mit der niederländischen Halbleiter-Holding ASML und dem dänischen Biotech-Titel Novo-Nordisk dieselben Aktien dominieren. Davon abgesehen ist der Fonds vor allem in Frankreich und Großbritannien investiert und favorisiert Aktien aus dem Finanz- und Gesundheitswesen.

Union Liga-Pax-Aktien-Union (DE0009750216)
Nachhaltigkeit: ●●●●○ 80 %
Anlageerfolg: ●●●●○

Als Fondsgesellschaft der genossenschaftlichen Banken in Deutschland versorgt Union Investment seine Mitgliedsinstitute mit Anlageprodukten – und zu denen zählen mit der Regensburger Liga Bank und der Kölner Pax Bank auch zwei Banken der katholischen Kirche. Beide sind als Banken von Priestern für Priester gestartet und haben inzwischen für alle Kundinnen und Kunden geöffnet, die eine Bank mit christlichen Werten suchen. Seit 1997 vertreiben beide Banken den Liga-Pax-Aktienfonds. Der wird von der Pax-Bank nach Prinzipien der katholischen Glaubenslehre verwaltet, unterstützt vom Analyse- und Managementteam der Union Investment. „Alles, was wir tun, muss Mensch und Umwelt stärken, um unseren Beitrag für eine lebenswerte Welt zu leisten", heißt es in den Anlagegrundsätzen.

Konzeptionell kommt der marktübliche Dreisatz zum Einsatz: Ausschlusskriterien, Best-in-Class-Auswahl, Engagement. Im Detail toleriert die katholische Kirche bei Umwelt- und Sozialkriterien gewisse Umsatzanteile mit schmutzigen Geschäften, um große Konzerne mit vielfältigen Verflechtungen und Geschäftsbereichen nicht bei kleineren Vergehen ausschließen zu müssen. So dürfen bis zu 10 Prozent des Umsatzes aus der Energiegewinnung mit Kohle, 5 Prozent aus dem Verkauf konventioneller Waffen, Glücksspiel oder Tabak und 3 Prozent aus grüner Gentechnik – all das führt nicht zum Ausschluss. Bei der Best-in-Class-Auslese sortiert man dann noch mal die schlechtesten 20 Prozent jedes Industriezweigs aus – maßgeblich hierfür ist der von Union Investment berechnete UniESG Score.

Lob verdient die Transparenzim Umgang mit all den Auswahlkriterien. Alles ist im Internet nachzulesen und überaus verständlich aufbereitet.

Weitere Aktienfonds Europa

Zwei weitere Europafonds erreichen überdurchschnittliche Nachhaltigkeitsbewertungen. Sie erfüllen allerdings aktuell nicht unsere strengen Kriterien für stabile Fonds (siehe Seite 73).

Steyler Fair Invest Equities (DE000A1JUVL8)

Nachhaltigkeit: ●●●●● 91 %
Anlageerfolg: nicht vergeben

Auch hier trifft Nachhaltigkeit auf katholische Kirche – in diesem Fall ganz konkret auf die Bank der Steyler Missionare und Missionsschwestern. Das ist eine Ordensgemeinschaft, die Ende des 19. Jahrhunderts im niederländischen Steyl entstand und inzwischen in mehr als 80 Ländern weltweit aktiv ist. Die deutschen Ordensvertreter betreiben die Steyler Ethik Bank, die sich drei Ordenswerten verpflichtet fühlt: Gerechtigkeit, Frieden und Bewahrung der Schöpfung.

Der Orden legt gemeinsam mit der Bank fest, in welche Aktien der Fonds grundsätzlich anlegen darf. Maßgeblich dafür ist nicht nur, dass kontroverse Geschäftsfelder und Praktiken gemieden werden. Der Orden prüft darüber hinaus auch, ob Unternehmen ein besonders erwünschtes Verhalten zeigen, also beispielsweise fair mit den Beschäftigten umgehen und für die Umweltverträglichkeit ihrer Produkte sorgen.

Zusätzlich müssen alle Unternehmen die 17 UN-Nachhaltigkeitsziele, die sogenannten SDGs (siehe Seite 26), achten. Das heißt konkret: Es dürfen nur Unternehmen in den Fonds aufgenommen werden, die beim SDG-Impact-Rating der Ratingagentur ISS ESG insgesamt nicht negativ abschneiden und darüber hinaus in keinem der Felder eine besonders schlechte Note kassieren. Ein Ethik-Anlagerat, besetzt mit Steyler-Missionaren aus aller Welt, überprüft, dass der Fonds alle Richtlinien einhält, ein zusätzliches „Netzwerk für Ethisches Scouting“ soll bei Bedarf Unternehmen aus dem Portfolio vor Ort auf die Finger schauen.

Der Fonds erfüllt insgesamt fast lückenlos strengste Nachhaltigkeitskriterien. Er steht bei Finanztest lediglich unter Beobachtung, weil sich der Anlagefokus inzwischen vom weltweiten auf den europäischen Raum verändert hat. In solchen Situationen setzen wir die Bewertung des Anlageerfolgs zunächst aus. An der Top-Nachhaltigkeitsbewertung hat sich aber nichts geändert.

Fondita Sustainable Europe (FI4000024492)

Nachhaltigkeit: ●●●●○ 80 %

Anlageerfolg: ●●○○○

Die finnische Fondsgesellschaft Fondita schafft es in diese Auswahl mit einem thematisch orientierten Fonds. Er ist fokussiert auf Unternehmen, die besonders klima- und umweltfreundliche Produkte oder Dienstleistungen anbieten. Anders gesagt: Das Fondsmanagement investiert vor allem in Industriesektoren rund um erneuerbare Energien, in grünen Wasserstoff, moderne Energiespeichertechnik, Umwelttechnologie und Recycling.

Der Fonds ist als Artikel-9-Fonds (siehe Seite 11) klassifiziert, der aktiv zur Verringerung von CO_2-Emissionen beitragen soll. Im Portfolio liegen besonders viele kleinere Nischenanbieter, darunter der italienische auf Recycling spezialisierte Kabelproduzent Prysmian, der schwedische Messtechnik-Spezialist Hexagon, der dänische Enzym-Hersteller Novonesis oder auch das finnische Unternehmen Vaisala, das Technik zur Erfassung von Klimaschutzdaten herstellt. Ein großer Teil des Fondsvermögens ist in den nordischen Ländern, in Deutschland und in den Niederlanden investiert.

Die spezielle Positionierung und thematische Enge haben den Fonds zuletzt Rendite gekostet, weil andere Sektoren in Europa schlicht besser liefen. Das spricht allerdings nicht grundsätzlich gegen das Fondskonzept. Wer Nachhaltigkeit erzielen will durch die Geldanlage in Umwelttechnik, kann diesen Fonds beimischen.

Aktien-ETF Europa

Die passiven ETF liefern auch im europäischen Anlageuniversum ein allenfalls mittelmäßiges Nachhaltigkeitsniveau. Das reicht aus, um die schlimmsten Umweltsünder zu meiden und eine Art Bestenlese zu betreiben. Wer sich damit arrangieren kann, der findet unter unseren fünf 1.-Wahl-ETF günstige Angebote mit vergleichsweise breiter Anlagestrategie. Harte Ausschlüsse ganzer Industrien oder spezielle Schwerpunkte nach bestimmten Nachhaltigkeitsthemen sind mit diesen ETF zwar nicht umsetzbar. Dafür schließen sie aber immerhin die größten Umweltsünder, die Unternehmen mit den sozial fragwürdigsten Geschäftspraktiken und die Vertreter besonders zweifelhafter Branchen aus dem Anlageuniversum aus.

BNP Easy MSCI Europe SRI S-Series PAB 5% Capped (LU1753045415)
Amundi MSCI Europe SRI PAB (LU1861137484)
UBS MSCI Europe Socially Responible (LU2206597804)
Invesco MSCI Europe ESG Climate PAB Select (IE000TI21P14)
iShares MSCI Europe SRI (IE00B52VJ196)

Nachhaltigkeit: ●●●○○ 64–71 %
Anlageerfolg: 1. Wahl

Dieses ETF-Quintett bietet analog zu den entsprechenden nachhaltigen Welt-ETF (siehe Seite 104) eine Beteiligung an unterschiedlichen SRI-Indizes des Marktführers MSCI. Dabei gilt grundsätzlich: Die SRI-Indizes wählen strenger aus als MSCI-Indizes, die das Kürzel ESG im Namen tragen. Nach der Negativauswahl folgt bei den SRI-ETF nämlich im zweiten Schritt noch ein Bestenlese: Vom Ursprungsindex – in diesem Fall dem MSCI Europe – bleibt dann nur noch ein Viertel der Aktien übrig; jene mit dem besten ESG-Rating.

Die hier ausgewählten Anbieter bilden leicht unterschiedliche SRI-Indizes nach, die sich allerdings lediglich in kleinen Details bei der Negativauswahl unterscheiden. Zudem sind zwei der vier Indizes gecapped. Das bedeutet, dass einzelne Aktien höchstens 5 Prozent vom Fondsvolumen ausmachen dürften. Bei den nicht gedeckelten Fonds liegen zwei Titel leicht über 5 Prozent.

Im Detail folgt der Anbieter BNP Easy dem „SRI S-Series PAB 5 % Capped", Amundi bildet den Subindex „SRI Filtered PAB" ab, UBS den „SRI Low Carbon Select 5 % Capped", Invesco den „ESG Climate PAB Select" und iShares den „SRI Select Reduced Fossil Fuels". Die strengsten Indizes in Sachen Emissionen sind der „Filtered PAB" und der „Low Carbon Select". Dabei geht es vor allem um Umsatztoleranz beim Ausschluss von Atomkraft und bei fossilen Energieträgern. Achtung: MSCI ändert die Referenzindizes und Schwellenwerte immer wieder mal, und die ETF wechseln manchmal die Benchmark. Zudem lässt sich am Namen allein nicht immer ablesen, welcher Index hinter dem Angebot steckt. Wer es genau wissen will, muss sich vorher informieren oder das Kleingedruckte im Factsheet nachlesen.

Riesig sind die Unterschiede ohnehin nicht: Im Amundi-ETF finden sich aktuell 119 Werte, im iShares sind es 123, im BNP-ETF sind 126 Titel vertreten, und beim Index, dem die UBS folgt, sind es 131. Lediglich der Invesco-Index lässt mit 226 Unternehmen deutlich mehr zu. Zum Vergleich: Der MSCI Europe hat 422 Titel gelistet.

Aktienfonds Deutschland

Zur Abrundung des Portfolios investieren viele Anlegerinnen und Anleger auch im heimischen Markt. Wenngleich es dann mit der Streuung nicht mehr so weit her ist, hat ein Investment in der Nähe in jedem Fall den Charme, dass man diesen Markt und die Anbieter tendenziell besser kennt als Unternehmen in der Ferne. Die als nachhaltig angepriesenen Deutschlandfonds waren bis ins Frühjahr 2024 hinein allerdings fast alle durch das strenge Vorab-Screening unserer Nachhaltigkeitsanalyse gefallen. Der Grund war der Nicht-Ausschluss von Volkswagen in vielen Fonds. Datenlieferant MSCI, mit dem wir Fonds nach Mindestkriterien bewertet haben, hatte VW auf seiner Ausschlussliste geführt, nachdem es im VW-Werk in der chinesischen Provinz Xinjiang zu schweren Verstößen gegen Nachhaltigkeitsgrundsätze der Vereinten Nationen gekommen sein soll. Inzwischen hat der Indexanbieter VW wieder aufgenommen, auch nachdem der Konzern eine unabhängige Untersuchung für den umstrittenen Standort in Auftrag gegeben hatte.

1.-Wahl-ETF, die es mindestens auf ein mittleres Nachhaltigkeitsniveau schaffen, haben wir im Test nicht gefunden. Hier reichte es nur für zwei von fünf möglichen Punkten, weshalb wir sie hier nicht vorstellen.

Acatis Fair Value Deutschland ELM (LU0158903558)

Nachhaltigkeit: ●●●●○ 82 %
Anlageerfolg: ●●●○○

Der Acatis-Fonds ist der einzige Deutschlandfonds, der es im Finanztest-Vergleich zu einem hohen Nachhaltigkeitsniveau brachte. Der Fonds investiert vor allem in Nebenwerte und in die typisch deutschen mittelständischen Unternehmen, die nachhaltig und ethisch einwandfrei wirtschaften und sich oft als Marktführer in Marktnischen eingenistet haben. Der Fonds ist nach Artikel 9 klassifiziert, also ein dunkelgrünes Produkt, das mit seiner Anlage durch Senkung der CO_2-Emissionen einen aktiven Beitrag zum Klimaschutz leisten will. Dazu sucht das Management lediglich 30 bis 40 Aktien aus. Wer in den Fonds investiert, bekommt also ein hoch konzentriertes Portfolio von Unternehmen, vornehmlich aus der Industrie und dem IT-Sektor. Wie alle Fonds von Acatis verfolgt auch dieser Fonds zusätzlich eine sogenannte Value-Strategie, sucht also nicht nach schnell wachsenden Unternehmen, sondern nach solchen mit langfristig hoher Ertragskraft und Substanz.

Aktienfonds und -ETF Schwellenländer

Auch in den aufstrebenden Staaten aus Asien und aus dem globalen Süden wächst die Bedeutung der Nachhaltigkeit. Es reicht bislang aber meist nur fürs Mittelmaß.

Wer sehr hohe Maßstäbe an die Nachhaltigkeit anlegt, wird bei der Geldanlage in Schwellenländern häufig enttäuscht sein. Es ist offensichtlich kompliziert, in aufstrebenden Staaten wie China, Indien oder Brasilien genug Unternehmen zu finden, die sich an höchste Auflagen im Umweltschutz, bei sozialen Fragen und in der sauberen Unternehmensführung halten. Letztlich hat nur ein einziger Anbieter mit einem hohen Grad an Nachhaltigkeit bei der Auswahl überzeugt. Alle anderen Anbieter gehen mehr oder weniger große Kompromisse ein.

Aktienfonds Schwellenländer

An der Spitze ist es einsam. Lediglich ein einziger der von uns getesteten Fonds erreichte ein hohes Nachhaltigkeitsniveau und scheiterte nur ganz knapp an der Fünf-Punkte-Bewertung.

Ökoworld Growing Markets 2.0 (LU0800346016)

Nachhaltigkeit: ●●●●○ 89 %
Anlageerfolg: ●●●●○

Der Ökofonds-Pionier Ökoworld setzt mit diesem Fonds ein Ausrufezeichen. Tatsächlich handelt es sich um einen der wenigen dunkelgrünen Artikel-9-Fonds für Schwellenländeraktien. Und diese Einordnung deutet schon an, dass der Fonds sich eine Menge vorgenommen hat. Er will nicht nur vergleichsweise grüne Unternehmen finden, sondern durch die Anlagestrategie aktiv dazu beitragen, CO_2-Emissionen zu senken und Arbeitsbedingungen zu verbessern. Dazu investiert der Fonds gezielt in bestimmte Themen wie die Bewältigung des Klimawandels, Ernährung,

Wasserversorgung, Umweltschutz, nachhaltige Energieversorgung, umwelt- und sozialverträglicher Transport, Telekommunikation und Bildung. Wie schon der Ökovision Classic (siehe Seite 96) trennt auch dieser Fonds strikt zwischen der Nachhaltigkeit und den finanziellen Zielen. Für Ersteres ist allein das Research zuständig, für das Zweite das Fondsmanagement. Bedeutet: Alle möglichen Investitionsziele werden zunächst abgeklopft auf einwandfreies ethisches Verhalten, Sozialverträglichkeit, Umweltschutz und Nachhaltigkeit. Erfüllen sie dann noch ein soziales oder ökologisches Ziel, kommen sie als Anlageziele für das Fondsmanagement infrage.

Im Ergebnis war im Fonds der chinesische Markt zuletzt schwach, Brasilien und Indien waren dafür umso stärker vertreten. Das hat die Wertentwicklung des Fonds beflügelt.

Aktien-ETF Schwellenländer

Es zieht sich durch alle Analysen: Passive Produkte, also Indexfonds, kommen regelmäßig allenfalls auf ein mittelmäßiges Nachhaltigkeitsniveau. Vier Schwellenländer-ETF haben das in unserem aktuellen Vergleich vom Herbst 2024 geschafft.

Amundi MSCI EM SRI PAB (LU1861138961)
Invesco MSCI EM ESG Climate PAB Select (IE000PJL7R74)
UBS MSCI EM Socially Responsible (LU1048313891)
iShares MSCI EM SRI (IE00BYVJRP78)

Nachhaltigkeit: ●●●○○ 60–70 %
Anlageerfolg: 1. Wahl

Bei diesem ETF-Quartett kommt abermals das SRI-Konzept von MSCI zum Tragen, das die Aktienauswahl gegenüber dem Mutterindex um die größten Sünder bereinigt und im Anschluss auf das beste Viertel reduziert. Die Sünderkartei ist je nach Index-Typ unterschiedlich groß, denn die Ausschlusskriterien sind unterschiedlich streng, Und so kommen die ETF auf 176 (Amundi) bis 292 (Invesco) Titel. Zum Vergleich: Im Mutterindex, dem MSCI Emerging Markets, sind es etwa 1250. Zum Tragen kommt bei Amundi der „SRI Filtered PAB", bei UBS der „SRI Low Carbon Select 5 % Issuer Capped", bei iShares der „SRI Select Reduced Fossil Fuels" und bei Invesco der „Climate PAB Select". Über die Auswahlkriterien der Indizes ist weiter vorne alles Wichtige gesagt (siehe Seite 121).

Weitere nachhaltige Fondsarten

Aktien- und Rentenfonds sind zentrale Säulen der Geldanlage und völlig ausreichend, um sich ein nachhaltiges Portfolio zusammenzustellen. Am Markt erhältlich sind aber auch ein paar speziellere Alternativen. Hier erfahren Sie, was von Mischfonds und Co. zu halten ist.

Ob Alliance Bernstein oder Blackrock, Deka oder DWS, M&G oder Union Investment – es gibt so gut wie keinen größeren Anbieter von Investmentfonds, der nicht auch sogenannte Multi-Asset-Fonds im Angebot hat. Fondsboutiquen, also kleinere Anbieter mit speziellem Profil, haben sich teilweise sogar regelrecht auf diese Fondsart spezialisiert.

Der Begriff bezeichnet Fonds, die in alle möglichen („Multi") Anlageklassen („Assets") anlegen können. Damit sind die Produkte eine Weiterentwicklung traditioneller Mischfonds, die sowohl mit Aktien als auch mit Anleihen handeln.

VIELE ANLAGEKLASSEN: Bei Multi-Asset-Fonds kommen zahlreiche Anlagemöglichkeiten hinzu. So können sie neben Aktien und Anleihen auch im Gold- und Immobilienmarkt anlegen, auf Währungen spekulieren oder sogar an Terminmärkten aktiv werden.

Angesichts des Booms bei der nachhaltigen Geldanlage ist auch das Angebot an nachhaltigen Multi-Asset-Fonds in den vergangenen Jahren stark angestiegen, die bei der Auswahl auf ökologische und soziale Aspekte und gute Unternehmensführung achten. Wer die Ansätze kennt, nach denen die Gesellschaften bei ihren Aktien- und Rentenfonds vorgehen, kann sich leicht erschließen, wie sie das Konzept in einem Multi-Asset-Portfolio umsetzen, denn letztlich gelten dafür dieselben Maßstäbe. Hinzu kommt nur eine weitere Ebene, die mit Nachhaltigkeit gar nichts zu tun hat: nämlich die Frage, wie viel Geld in welcher Anlageklasse steckt.

Das Spektrum der Mischfonds

Bei den nachhaltigen Mischfonds stehen recht unterschiedliche Konzepte nebeneinander. Drei Formen lassen sich unterscheiden:

Die erste Form bilden Mischfonds, die ein festes Aktien-Anleihen-Verhältnis anstreben, also beispielsweise ausgewogen 50:50 oder offensiv mit 75:25. Typischer Vertreter ist der Blackrock ESG Multi Asset Fonds, der Aktien und Anleihen in einem ausgewogenen Verhältnis anlegen soll. Der Pax ESG Multi Asset Fonds der katholischen Pax-Bank, ein Mischfonds mit 60 Prozent Aktien und 40 Prozent Anleihen, ist nach vergleichbarer Bauart konstruiert. Auch ETF lassen sich mit diesen starren Quoten leicht konstruieren und sind entsprechend breit erhältlich. Weltweite Multi-Asset-Fonds dieser Art funktionieren letztlich nicht großartig anders als ein Pantoffel-Portfolio (siehe Seite 68). Sie sind unterm Strich aber oft teurer und bieten dabei nur wenig Mehrwert.

Die zweite Form der Multi-Asset-Fonds versucht, innerhalb eines vorab definierten Risikobudgets die bestmögliche Rendite zu erwirtschaften. Der Einsatz unterschiedlicher Anlagearten dient dazu, die sogenannte Volatilität oder Wertschwankung zu begrenzen – denn damit lässt sich das Risiko eines Fonds am besten ausdrücken. Das Fondsmanagement bekommt also beispielsweise die Aufgabe, innerhalb eines Jahres möglichst keine Schwankungen von über 10 Prozent im Fonds zuzulassen. Die Strategie ist auch als Total-Return-Ansatz bekannt, wobei die Anbieter den Begriff nicht einheitlich verwenden. Die Idee wird vor allem von professionellen Anlegern wie Stiftungen oder Vereinen geschätzt, die bei der Geldanlage bestimmte Risikovorgaben zu erfüllen haben. Ein Vertreter dieser Fondsart ist der Robeco Sustainable Dynamic Allocation Fonds, der mit einer Volatilität von 12 Prozent eine durchschnittliche jährliche Rendite von mindestens 7 Prozent anstrebt. Auch der EB-Sustainable Multi Asset Invest Fonds der Evangelischen Bank steht für das Konzept. Hier ist der Anspruch deutlich defensiver. Er lautet: Kapitalerhalt nach Inflation plus mindestens ein Prozent Ausschüttungen im Jahr. Die Fonds haben den Nachteil, dass Laien nur schwer herausbekommen können, wie gut das Management seinen Job macht – denn wer kann als Laie schon Risiko-Rendite-Vergleiche anstellen? Geeignet sind diese Fonds am ehesten für Menschen, die hohe Schwankungen bei der Geldanlage möglichst vermeiden wollen, ohne sich selbst intensiver damit zu beschäftigen, und die daher auf ein Managementteam vertrauen.

Die dritte Form der Multi-Asset-Fonds sind als flexible oder dynamische Mischfonds bekannt. Gemeint sind Angebote, die mit dem offenen Versprechen einhergehen, dass sich das Fondsmanagement bei der Geldanlage an die Marktlage anpasst und das Beste für die Kundinnen und Kunden herausholt: Läuft es gut, legt der Fonds stärker in Aktien an, in schwierigen Zeiten liegt mehr Geld in Anleihen oder bleibt auf dem Konto verfügbar, um auch mal kurzfristig eine Gelegenheit nutzen zu können. Im offensten Fall können in so einem Fonds zwischen 0 und 100 Prozent Aktien liegen. Klassische Vertreter dieser Fondsart mit großer Freiheit bei der Geldanlage sind beispielsweise der Amundi Ethik Fonds Evolution oder auch der aktienorientierte DWS ESG Dynamic Opportunities. Wer so einen Fonds kauft, begibt sich also deutlich in die Hände eines bestimmten Fondsmanagements.

Nachhaltige Immobilienfonds

Fast 30 Prozent der Treibhausgasemissionen stammen in Deutschland laut Umweltbundesamt aus dem Gebäudesektor. Nachhaltige und energetisch optimierte Häuser gehören daher zu den wichtigsten Bausteinen für effektiven Klimaschutz. So liegt der Gedanke nah, auch bei der Geldanlage auf solche Neubauten zu setzen. Ein in Deutschland über viele Jahre beliebtes Produkt für solche Zwecke sind Offene Immobilienfonds (OIF), bei denen das Geld, wie der Name schon vermuten lässt, in Büro-, Gewerbe- oder Wohnimmobilien fließt. Tatsächlich geben sich die meisten dieser Fonds inzwischen als ESG-konform mindestens im Sinne von Artikel 8 (siehe Seite 11). Sie investieren dann beispielsweise bevorzugt in geförderten Wohnraum und nachhaltige Holzbauweise. Auch die dunkelgrünen Artikel-9-Fonds sind bereits verbreitet. Sie kaufen beispielsweise Bestandsimmobilien zur energetischen Sanierung auf.

Üblicherweise nutzen die Fonds Nachhaltigkeitszertifizierungen, um nachzuweisen, wie umweltfreundlich sie bauen. Davon gibt es am Markt unzählige mit Kürzeln wie GRESB, DGNB, BREEAM oder LEED. In den Fonds liegen allerdings oft nicht nur zertifizierte Gebäude, sondern auch konventionelle Bauten. Nach Angaben des Forums Nachhaltige Geldanlage waren im Jahr 2022 selbst in den Artikel-8-Produkten im Schnitt nur 40 Prozent der Immobilien entsprechend zertifiziert. Da die Zertifikate vor allem auf Energieeffizienz, Ressourcenverbrauch und weitere Umwelt- und Klimakriterien abheben, lassen sie sich auf ältere und sanierungsbedürftige Häuser aber auch nicht immer sinnvoll anwenden. Kurzum: Wer sich für einen Offenen Immobilienfonds interessiert, der nachhaltiges Bauen unterstützt, muss schon etwas genauer hinsehen, was der einzelne Anbieter da tut.

Grundsätzlich dürften nachhaltige Immobilienfonds auf lange Sicht höhere Erträge abwerfen als konventionelle. Schließlich sind die Kosten energiesparender Bauten deutlich niedriger und die Mieteinnahmen höher. Fördermittel, Steuerbegünstigungen und zinsgünstige Darlehen erleichtern zudem die Finanzierung. Indes steht es derzeit um die Baukonjunktur nicht zum Besten, während die Immobilienpreise zuvor deutlich angestiegen und dann gesunken waren.

Offene Immobilienfonds liefern in guten Zeiten zwar meist stabile Erträge, doch wegen der speziellen Risiken der Immobilienbranche sind die Fonds nicht als Sicherheitsbaustein im Depot geeignet, sondern allenfalls als Beimischung. Zudem passt diese Fondskategorie auch nicht in das Chance-Risiko-Bewertungsraster, das Finanztest seit vielen Jahren erfolgreich verwendet. Daher liefert die Finanztest-Fondsdatenbank auch keine Bewertung für die Produkte. Ein Anhaltspunkt kann womöglich die Höhe der Fünfjahresrendite bieten, aber auch dabei ist Vorsicht geboten, zumal Erträge der Vergangenheit nur begrenze Rückschlüsse zulassen auf die künftigen Erträge. Außerdem sollten Anleger bei der Auswahl neben ESG-Kriterien unbedingt weitere Kennzahlen beachten, beispielsweise die Leerstandsquoten oder Laufzeiten von Mietverträgen.

Und noch etwas: Offene Immobilienfonds kann man nicht so einfach wieder verkaufen wie einen Aktien- oder Rentenfonds. Es gilt nämlich eine zwölfmonatige Kündigungsfrist. Zudem können Anleger ihre Fondsanteile frühestens nach einem Jahr kündigen.

Wind und Sonne ins Depot: OIS und ELTIF

Zum Abschluss noch ein Blick auf zwei recht junge und spezielle Fondsarten, die trotzdem Beachtung verdienen, weil sie quasi ein direktes Investment in die Energieversorgung der Zukunft bieten: Es geht um das Offene Infrastruktur-Sondervermögen, kurz OIS, und den Europäischen Langfristinvestmentfonds, kurz ELTIF. Beide Fondsarten lassen sich nutzen, um in Wind- und Sonnenkraftwerke, neue Energiespeicher und die elektrische Ladeinfrastruktur anzulegen – und zwar mehr oder weniger direkt. Bis vor wenigen Jahren ging das eigentlich nur über sogenannte geschlossene Fonds, die sich bei näherer Betrachtung als unternehmerische Beteiligung entpuppen – und das ist nun wirklich riskant und nicht jedermanns Sache. Mit den neuen Varianten finden Anlegerinnen und Anleger nun neue Möglichkeiten, ihr Portfolio um die Anlageklasse Grüne Infrastruktur zu ergänzen.

Den ELTIF erfand die EU 2015 als neue Fondsart, damit auch Kleinanleger mit geringen Summen unter anderem in grüne Infrastrukturprojekte investieren können. Am Anfang waren die Regeln für die Anlage noch recht starr, doch seit Anfang 2024 ist ein ELTIF-2.0-Regelwerk in Kraft, das den Zugang deutlich erleichtert. Es gibt keine Mindestanlagebeträge mehr, Anleger müssen auch kein Mindestvermögen mehr vorweisen. So gehen Beobachter davon aus, dass bald einige neue Produkte auf den Markt kommen werden. Einer der ersten ELTIF-Fonds war 2020 der Klimavest Impact Fonds der Commerzbank-Tochter Commerz Real. Er ist zu zwei Dritteln in On- und Offshore-Windparks und zu einem Drittel in Photovoltaik-Anlagen investiert und lieferte zuletzt schwankungsarm Erträge zwischen 2 und 4 Prozent. Dabei soll er aktiv dazu beitragen, CO_2 zu kompensieren. Wie der Name ELTIF vermuten lässt, sind solche Fonds auf extrem lange Laufzeiten ausgelegt. Beim Klimavest etwa sind es 50 Jahre. Danach wird er aufgelöst, alle bekommen ihren Anteil zurück.

Das Laufzeitende ist für Anleger offener ELTIF-Fonds allerdings nicht allzu relevant. Denn die Anbieter nehmen auch vor dem Laufzeitende Anteile zurück und Kündigungen an. Ein weiterer Anbieter eines grünen ELTIF-Fonds ist aktuell Thomas Lloyd mit dem Sustainable Infrastructure Growth Fund, der nach einer Mindesthaltedauer bis Ende 2027 jeweils zum Jahresende mit sechs Monaten Frist eine Kündigung ermöglicht. Der Klimavest nimmt sogar täglich Anteile zurück.

Wer gezielt in grüne Infrastruktur investieren will, wird bei ELTIF leichter fündig als bei Aktienfonds. Denn die dürfen Kundengelder direkt in Projekte und kleine Unternehmen in Bereichen wie Wind und Solar investieren, Aktienfonds ausschließlich in Wertpapiere börsennotierter Unternehmen, sodass hier nur indirekte Beteiligungen möglich sind.

Das Offene Infrastruktur-Sondervermögen, kurz OIS, ist schließlich eine rein deutsche Fondsart, die sich an Offenen Immobilienfonds orientiert. Sie ist seit 2021 im Gesetz verankert. Bei OIS gilt eine Mindesthaltedauer von 24 und eine Kündigungsfrist von 12 Monaten. Außerdem dürfen die Fonds nur an einem oder zwei festen Tagen im Jahr Anteile zurücknehmen. Das alles ist vorgeschrieben, weil auch hier langfristige Infrastrukturprojekte finanziert werden sollen. Eine allzu liberale Rücknahmepolitik könnte die Fonds in Geldnöte bringen und zu Notverkäufen zwingen. Mitte 2023 kam mit dem Fonds DWS Infrastruktur Europa der erste OIS-Fonds überhaupt auf den Markt. Er ist bereits in mehrere Solarparks investiert und soll künftig auch in Ladesäulen, die digitale und soziale Infrastruktur anlegen. Ende 2023 folgte mit dem Klimasubstanz-Fonds der KGAL das zweite OIS, das unter anderem auf Windparks zielt.

07

Wo kaufe ich nachhaltige Fonds?

131 Der passende Broker
138 Nachhaltige Banken im Test
141 Achtung: Giftgrün!

Der passende Broker

Um Geld in nachhaltige Fonds und ETF anzulegen, brauchen Sie ein Anlagedepot beim Broker oder einer Bank. Angebot und Preisunterschiede sind groß. Worauf es noch ankommt.

Investmentfonds und ETF sind digitale Güter. Heißt: Sie können sich die Dinger nicht ins Regal stellen oder unters Kopfkissen legen. Vielmehr lagern die Fondsanteile genauso wie Aktien oder Anleihen in einem Wertpapierdepot. Jeder Fonds und ETF besitzt dazu eine eindeutige Wertpapierkennnummer, bekannt als Isin. Auch jedes Depot hat dementsprechend eine eigene Depotnummer.

Anders als auf einem Konto liegt in einem Wertpapierdepot allerdings nie Bargeld. Dazu braucht es noch ein zusätzliches Verrechnungskonto. Wer also einen Fondsanteil kaufen will, muss das dazu nötige Geld erst einmal auf dem Verrechnungskonto liegen haben oder braucht einen entsprechenden Depotverfügungsrahmen, vergleichbar einem Dispositionskredit beim Girokonto. Umgekehrt fließt nach dem Verkauf eines Fondsanteils das Geld wieder auf das Verrechnungskonto zurück. Das Verrechnungskonto wiederum ist in der Regel fest gekoppelt an ein Girokonto bei einer Bank.

Klingt komplizierter, als es am Ende ist. Denn Depot und Verrechnungskonto eröffnen Sie stets zusammen. Sie können ganz einfach zu Ihrer Hausbank um die Ecke gehen oder zu Ihrer Online-Bank, dann haben Sie alle Konten auf einen Blick beisammen und können sich die Eröffnung neuer Konten teilweise sogar ganz sparen. Oder Sie nutzen das Angebot einer anderen Bank oder eines spezialisierten Online- oder Neobrokers und verknüpfen das Verrechnungskonto, das Sie dort bekommen, mit Ihrem Hausbank-Girokonto.

In diesem Fall müssen Sie noch die Kontoeröffnung absolvieren. Heißt: Sie stellen und unterzeichnen zunächst einen Antrag. Dabei müssen Sie auch einen sogenannten Wertpapierhandelsbogen ausfüllen. Hier geben Sie an, wie viel Erfahrungen Sie mit Wertpapieren bereits gesammelt haben, wie Ihre finanziellen Verhältnisse sind und wie lang Sie anlegen wollen. Aus all dem ergibt sich eine Risikoeinstufung. Die entscheidet darüber, welche riskanteren Anlageprodukte Sie überhaupt angeboten bekommen. Der Kauf von Fonds ist dabei in der Regel möglich.

Danach muss der Anbieter noch Ihre Identität überprüfen. Dazu zeigen Sie entweder einen Ausweis in der Bankfiliale vor. Oder Sie nutzen das Postident-Verfahren und weisen sich in einer Postfiliale aus. Eine dritte Möglichkeit bietet das recht neue Video-Ident-Verfahren. Dabei kommt meist eine App auf dem Smartphone oder am Computer zum Einsatz, wo Sie dann einen Ausweis in die Kamera halten müssen. Wie auch immer Sie es machen, letztlich dauert der Papierkram selten länger als zehn Minuten. Und dann kann es auch schon losgehen.

So finden Sie die passende Bank

Welche Bank die richtige für Sie ist, entscheidet sich nach Preis und Leistung. Die Kosten für ein Wertpapierdepot können sehr unterschiedlich sein. Bei vielen Banken zahlen Sie eine jährliche Gebühr für die Verwahrung der Fonds im Depot, bei Direktbanken, Online- und Neobrokern ist dieser Service oft kostenlos. Die Gebühren für den Kauf und Verkauf variieren ebenfalls stark. Sie können also viel Geld sparen, wenn Sie sich für ein billiges Depot entscheiden. Das kommt dann der Rendite Ihrer Geldanlage zugute.

Für die Auswahl sind aber auch andere Kriterien wichtig. Zum Beispiel die Frage, ob Sie die Fonds, die Sie interessieren, auch alle bekommen, an welche Börsenplätze das Depot angeschlossen ist und wie groß die Auswahl bei Sparplänen ist. Die besonders preiswerten Neobroker beispielsweise arbeiten nur mit einer bis maximal drei Börsen zusammen und bieten damit eingeschränkte Alternativen zum Preisvergleich beim Handel. Auch Bedienkomfort und Beratung können einen Unterschied machen. Und natürlich das eigene Verhalten: Wer etwa nur alle paar Jahre einen Fonds oder ETF kauft oder verkauft, braucht über die Orderkosten nicht viel nachzudenken, achtet besser darauf, keine Verwahrentgelte zu bezahlen.

PREISWERTE ANBIETER: Finanztest testet und vergleicht die Depotkosten der wichtigsten Anbieter regelmäßig nach Modellfällen für kleine, mittlere und große Depots. Zu den günstigsten Onlinedepotanbietern mit Vollsortiment für die drei untersuchten Depotmodelle zählten zuletzt Smartbroker+ und Flatex. Den ausführlichen aktuellen Test finden Sie gegen eine geringe Gebühr unter test.de/depotkosten, mit Flatrate kostenlos.

So kauft man nachhaltige Fonds und ETF

1 Wer einen nachhaltigen Fonds kaufen will, braucht zunächst ein Wertpapier- oder Fondsdepot bei einer Bank oder Fondsgesellschaft. Aktiv gemanagte Fonds kann man direkt beim Finanzdienstleister kaufen, ETF erwirbt man stets über die Börse. Keine Sorge: Sie müssen weder mit dem Finanzdienstleister noch mit der Börse direkt in Kontakt treten: In beiden Fällen läuft der Kauf über das Depot bei der Bank.

2 Wer noch kein Wertpapierdepot hat oder die Bank wechseln will, sollte auf günstige Depotkosten achten. Welche Banken am günstigsten sind untersucht Finanztest regelmäßig. Die Ergebnisse finden Sie unter test.de/depotkosten. Wem das wichtig ist, der wählt zudem eine besonders nachhaltige Bank. Auch Smartphone-Broker (Neobroker) bieten nachhaltige Fonds an.

3 Eine Alternative zum Einmalkauf sind Sparpläne. Besonders preiswert sind dabei nachhaltige ETF-Sparpläne. Erkundigen Sie sich bei der Bank danach. Auch in den Fondstabellen im Serviceteil dieses Buches finden Sie in den Fußnoten Hinweise, bei welchen Banken Sie den Fonds als Sparplan bekommen.

4 Wer sich für einen aktiv gemanagten Fonds entscheidet, muss auf den Kostenvorteil von ETF verzichten, kann aber womöglich strengere aktive Nachhaltigkeitskriterien verfolgen. Bei freien Vermittlern im Internet lassen sich häufig Kosten für den Kauf aktiv gemanagter Fonds sparen.

5 Auch bei der nachhaltigen Fondsanlage gilt das oberste Gebot der Streuung. Wir raten: Sie sollten zunächst entscheiden, wie Sie Ihr Geld auf Aktien- und Zinsanlagen aufteilen. Als Basis für den Aktienteil nehmen Sie einen Weltfonds. Wir empfehlen in erster Linie breit gestreute ETF mit Auszeichnung 1. Wahl. Hier genügt es, einen Fonds auszuwählen. Wenn Sie einen streng nachhaltigen Weltfonds bevorzugen, kaufen Sie einen stabilen Fonds. Fällt Ihre Wahl auf einen Fonds, der keinen stabilen Anlageerfolg hat, dann kaufen Sie nicht nur den einen, sondern besser drei.

Im Detail: So kauft man einen Fonds

Haben Sie sich für einen Fonds oder ETF entschieden, müssen Sie ihn als Nächstes bei Ihrer Bank oder Ihrem Broker ordern – so heißt der Kaufauftrag im Börsenjargon. Weil manchmal die Namen der Produkte leicht voneinander abweichen können und sich vor allem bei den ETF vieles sehr ähnlich anhört, notieren Sie sich am besten immer wenigstens die sechsstellige deutsche Wertpapierkennnummer (WKN) oder das international gültige Pendant Isin, eine zwölfstellige Buchstaben-Zahlen-Kombination, mit der jedes Finanzprodukt eindeutig gekennzeichnet ist, sodass es nicht zu Verwechselungen kommen kann.

Fonds können Sie, wie wir bereits gesehen haben, grundsätzlich über Ihre Bank bei der Fondsgesellschaft kaufen oder aber über eine Börse. Die Exchange Traded Fonds (ETF) werden dabei, wie der Name schon sagt, in aller Regel an der Börse gehandelt. Aktive Fonds dagegen gibt es teilweise ausschließlich im Direktvertrieb beim Anbieter und seinen Vertriebspartnern. So haben beispielsweise die Sparkassen und Genossenschaftsbanken eigene exklusive Fonds im Angebot.

Die meisten Fonds sind aber inzwischen bei allen möglichen Banken zu bekommen und darüber hinaus auch an vielen Börsen notiert. Meist können Sie also einfach bei Ihrer Depotbank den Fonds mithilfe der Isin heraussuchen. Im Fondsfinder von Finanztest unter test.de/fonds listen wir präzise auf, bei welchen Banken Sie welche aktiv gemanagten Fonds bekommen und auf welchen Handelsplattformen und Börsen sie zu finden sind. Auch in den Fondstabellen im Serviceteil können Sie in den Fußnoten nachschauen, wo sie zu bekommen sind.

Ganz präzise: Börsenplätze und Kaufabwicklung

Jetzt wird es kurz noch etwas technischer, aber am Ende dieses Abschnitts kennen Sie dann wirklich alle Details zum Fondskauf: Wenn Sie den Fonds über die Börse kaufen, kann es nämlich gut vorkommen, dass Sie eine Liste mit mehreren möglichen Handelsplätzen zur Auswahl haben. Bei Neobrokern ist eine große Auswahl seltener, bei Direktbanken oder Filialbanken eher üblich.

Die wichtigsten Alternativen zum Direktkauf beim Anbieter selbst sind hier die elektronischen Handelsplätze der Börsen sowie sogenannte außerbörsliche Plattformen. Der wichtigste deutsche elektronische Handelsplatz ist Xetra (Exchange Electronic Trading), die Plattform der Deutschen Börse Frankfurt. Mehr als 90 Prozent des gesamten Aktienhandels in Deutschland laufen mittlerweile über Xetra, auch große Teile des Fondshandels werden hier abgewickelt.

Daneben gibt es beispielsweise noch das elektronische Handelssystem der Börse Düsseldorf namens Quotrix, die Tradegate Exchange aus Berlin oder auch Gettex aus München. Dazu existiert der außerbörsliche Handel über Plattformen wie LS Exchange des Finanzdienstleisters Lang & Schwarz. Wichtigste Merkmale dieser elektronischen Alternativen: Sie sind besonders günstig und bieten zudem einen verlängerten Handel an, bis 23 Uhr und auch am Wochenende.

Gibt es bei Ihrem Anbieter lediglich einen einzigen Börsenplatz, müssen Sie nicht weiter überlegen. Wer hingegen mehrere Börsenplätze angeboten bekommt, kann zu außerbörslichen Plattformen greifen und damit häufig Geld sparen. Denn dort sind die Gebühren im Vergleich zu Xetra tendenziell niedriger.

Was sich jedenfalls nie lohnt, ist, einen hierzulande erhältlichen ETF an einer ausländischen Börse wie der New York Stock Exchange (NYSE) zu kaufen. Dann müssen Sie nämlich mit höheren Handelskosten rechnen, zudem drohen auch noch steuerliche Nachteile.

WICHTIG, DER SPREAD: Der Kaufpreis ist beim Börsenhandel eines Fonds immer etwas höher als der Preis, den man beim Verkauf angeboten bekommt. Die Spanne zwischen An- und Verkaufskurs eines Fondsanteils heißt Spread und ist letztlich so etwas wie eine Handelsgebühr.

Beim Direktkauf über die Fondsgesellschaft ist das anders. Hier sind Fondsanteile bei Rückgabe genauso bewertet wie beim Erwerb. Dafür wird anders als beim Kauf über eine Börse aber oft ein sogenannter Ausgabeaufschlag fällig, eine Vertriebsprovision. Was am Ende der preiswerteste Weg zum Fonds ist, hängt vom Einzelfall ab.

Haben Sie die Order erst einmal abgegeben, geht eine ganze Kette an Buchungen und Abwicklungsschritten im Hintergrund los – und es kann insbesondere beim Direktkauf ein paar Tage dauern, bis Sie den Fonds endgültig in Ihrem Depot angezeigt bekommen.

Zunächst muss die Depotbank den Kauf abwickeln. Beim Börsenkauf läuft das häufig über spezielle Abwicklungskonten, sodass Angebot und Nachfrage direkt aufeinandertreffen und das Geschäft schnell erledigt und verrechnet ist. Muss der Broker beziehungsweise die Bank den Fonds direkt bei der Fondsgesellschaft einkaufen, geht es ein bisschen langsamer. Denn Fonds werden abseits der Börse nur einmal pro Tag zu einem festen Preis gehandelt.

So richte ich einen Sparplan ein

Wer langfristig Geld in Fonds anlegen will, kann auch einen ETF- oder Fondssparplan einrichten. Das ist gewissermaßen ein Dauerauftrag zum Kauf von Fondsanteilen, in der Regel Monat für Monat. Die Sparrate lässt sich frei wählen. Je nachdem, wie viel Geld übrig ist, könnten beispielsweise 50, 100 oder 150 Euro pro Monat in einen Fonds fließen, bei vielen Fondsanbietern sind sogar kleinere Beträge wie 10 oder 25 Euro möglich. Höhere Sparraten sind ohnehin kein Problem. Eingerichtet ist so ein Sparplan online mit wenigen Mausklicks. Die Rate lässt sich jederzeit anpassen oder auch vorübergehend aussetzen. Auch den Fonds, in den das Geld fließt, können Sie frei wählen und wechseln. Das Einrichten eines Sparplans kostet in der Regel nichts extra, allerdings fallen laufend Sparplankosten an. Die können prozentual von der Sparsumme abhängen, Fixbeträge sein oder eine Kombination aus beidem. Bei höheren Sparraten können Fixkosten besser sein, bei kleinen Raten ist die prozentuale Abrechnung vorteilhaft. Um Fixkosten zu sparen, kann man einen Sparplan auch nur alle zwei Monate besparen. Es lohnt sich zudem, nach Sonderaktionen Ausschau zu halten, denn die Anbieter locken Sparplankunden immer wieder mal mit Rabatten.

Zwar sind nicht sämtliche von uns für besonders gut befundene nachhaltige Fonds sparplanfähig, aber die meisten. Welche genau das sind, können Sie im Fondsfinder von Finanztest online nachschauen. Hier listen wir detailliert auf, bei welcher der fünf marktführenden Handelsplattformen (Comdirect, Consorsbank, FNZ, ING und S Broker) die Fonds auf der Sparplanliste auftauchen. Auch in den Fondstabellen im Serviceteil ist in den Fußnoten vermerkt, wo sie erhältlich sind.

Ist der gewünschte Fonds in einer Sparplanliste nicht verfügbar, finden Sie im Fondsfinder womöglich eine Alternative. Denn manchmal kooperieren Fondsanbieter exklusiv mit bestimmten Banken und Plattformen. Noch ein Tipp: Finanztest vergleicht regelmäßig die Sparplan-Konditionen von Filial-, Fonds- und Direktbanken sowie Onlinebrokern und nennt die günstigsten und flexibelsten Anbieter. Außerdem gibt es im Internet auch spezielle Sparplan-Rechner, mit denen Sie kalkulieren können, wie viel unterm Strich rauskommt. Sie finden Sie zum Beispiel unter bvi.de/service/rechner/sparplanrechner.

Ordern wie die Profis

Bei der Order eines Fonds oder ETF über die Börse können Sie nicht einfach bloß „Kaufen" klicken, sondern spezielle Wünsche abgeben. Profis unterscheiden hier zwischen der Limit-, Market- und Stop-Order. Grundsätzlich ist die sogenannte Limit-Order empfehlenswert. Damit legen Sie den Höchstpreis fest, den Sie für einen Fonds bezahlen wollen. Die Limit-Order wird also nur ausgeführt, wenn der Fonds – in der Regel übrigens ein ETF – dann tatsächlich zum gewünschten Kurs oder günstiger angeboten wird. Das kann manchmal dauern: Minuten, Stunden oder Tage. Doch wer die Zeit hat, kann damit einen besonders günstigen Kurs ergattern. Wir raten für Ihren ETF-Kauf: Wählen Sie diesen Order-Typ.

Möchten Sie, dass die Order sofort ausgeführt wird, müssen Sie dagegen „Market" wählen, auf Deutsch auch als „Billigst"-Order bekannt. Bei einer Market-Order wird Ihr Auftrag direkt zum bestmöglichen Preis ausgeführt. Das gilt beim Kauf genauso wie beim Verkauf. Das ist nicht immer ratsam. Der Preis kann unter Umständen deutlich von Ihrem Wunschpreis abweichen. Vorteil allerdings: Die Order ist direkt ausgeführt, im Regelfall innerhalb der nächsten Minuten oder Stunden.

Eine Stop-Order wiederum ist sozusagen das Gegenteil der Limit-Order. Der Kauf wird erst dann ausgeführt, wenn ein Wert einen bestimmten Kurs übersteigt. Beim Verkauf wiederum dient die Stop-Order theoretisch dazu, Verluste zu begrenzen. Dazu geben Sie beispielsweise direkt nach dem Kauf eines ETF eine Stop-Order auf. Fällt der Preis des ETF dann irgendwann unter den Stop-Preis, wird er automatisch verkauft. Achtung: Der Verkauf wird in diesem Fall zwar automatisch ausgelöst, wenn der Kurs unter einen bestimmten Wert fällt. Abgerechnet wird dann aber erst zum nächsten verfügbaren Preis. Und der liegt oft weit darunter. Auf diese Weise wurden schon viele Anleger bei Crashs kalt erwischt. Wenn sie dann wieder einsteigen wollten, waren die Preise schon wieder viel höher. Wir raten davon ab.

Bei Limit- und Stop-Aufträgen müssen Sie immer auch einen Gültigkeitszeitraum eingeben. „Tagesgültig" bedeutet, dass der Auftrag nur für den aktuellen Tag gilt. Sie können aber auch einen Monat wählen – oder sogar einen unbegrenzten Zeitraum. Falls Sie sich fragen, wann der beste Zeitpunkt für den Kauf an der Börse ist, dann raten wir zu den normalen Öffnungszeiten der Deutschen Börse, also Montag bis Freitag von 9 bis 17.30 Uhr. Dann herrscht das größte Handelsvolumen, und Ihre Order wird in der Regel sofort und zu geringen Spreads durchgeführt.

Neobroker bieten auch den Handel nach Feierabend oder am Wochenende an. Das mag zwar bequem sein, doch dafür bezahlen Sie eine höhere Handelsspanne, auch „Geld-Brief-Spanne" genannt. Daran verdienen die Börsenplatzbetreiber ähnlich wie bei einer Geldwechselstube oder einem Autohändler. Während der normalen Börsenöffnungszeiten schrumpfen die Handelsspannen in der Regel auf weit unter ein Prozent.

Nachhaltige Banken im Test

Die meisten Banken betreiben auch nicht-nachhaltige Geschäfte. Wer das nicht unterstützen will, wählt für sein Depot eine nachhaltige Bank. Die durch und durch grünen Geschäfte haben allerdings ihren Preis.

Wer grün anlegen will, hat meist genaue Vorstellungen davon, in welche Finanzgeschäfte er nicht involviert sein möchte. An dieser Stelle kann ein Depot bei einer konventionellen Bank den eigenen Zielen im Wege stehen. Denn die nutzen Erträge, Kundengelder und Einlagen nun mal auch dazu, konventionelle Geschäfte zu finanzieren, vergeben also beispielsweise Kredite auch an die Öl- und Gasindustrie oder an Rüstungskonzerne. Selbst wer sich dort dann einen dunkelgrünen Investmentfonds ins Depot legt, unterstützt als Kunde der Bank also zumindest indirekt womöglich auch solche Geschäftsmodelle oder Investitionen, die sich als klimaschädlich oder sozial fragwürdig erweisen.

Einen Ausweg aus diesem Dilemma bieten ethisch orientierte Banken. Sie meiden schmutzige Geldgeschäfte. Sie geben zum Beispiel keine Kredite an Unternehmen, die Kinderarbeit dulden. Auch Atomkraft ist tabu. Die meisten nachhaltigen Banken finanzieren zudem keine Geschäfte mit fossilen Energien oder investieren hier nur eingeschränkt.

SIND NICHT ALLE BANKEN GRÜN? Tatsächlich haben sich die meisten Banken inzwischen mehr oder weniger ambitionierte Klimaziele vorgenommen: Die Commerzbank will bis 2050 klimaneutral sein, die Deutsche Bank strebt ebenfalls das Ziel „Netto Null" an. Nichtregierungsorganisationen wie Urgewald kritisieren die Pläne jedoch als unzureichend. Nach Ansicht des Fair Finance Guide Deutschland haben Banken zudem ihre Nachhaltigkeitsrichtlinien zwar verbessert, jedoch häufig immer noch zu schwache oder ungenügende Richtlinien zur Bekämpfung des Klimawandels. Da sind die Spezialanbieter deutlich ambitionierter.

Finanztest hat 15 solche Banken – für die Nachhaltigkeit nach eigenen Angaben zum Kerngeschäft gehört – einem Nachhaltigkeits-Check unterzogen, der genau zeigt, welche Branchen und Geschäftspraktiken sie meiden. Voraussetzung für die Teilnahme an dem Vergleich war, dass bei Finanzierungen die Bereiche Kohle, Atomkraft, konventionelle und geächtete Waffen sowie Arbeits- und Menschenrechtsverletzungen ausgeschlossen waren. Der Vergleich untersucht nicht nur Ausschlusskriterien für die Kreditvergabe, Eigenanlagen und den Kauf von Staatsanleihen, sondern auch die Renditen der in diesem Marktsegment üblichen ethisch-ökologischen Tagesgeld- und Festgeldangebote.

Die getesteten Banken mit ethisch-ökologischem Anspruch haben wenige oder keine Filialen. Anlegerinnen und Anleger sind daher in der Regel auf Internet, Telefon oder Post angewiesen. Ansonsten arbeiten die nachhaltigen Banken wie herkömmliche Banken auch. Sie bieten die üblichen Bankgeschäfte an, vom Girokonto für den Zahlungsverkehr über Tagesgeld-, Festgeld- und Sparkonten bis zu Wertpapierdepots. Sie vergeben Kredite, finanzieren Eigenheime und Projekte von Unternehmen. Das Geld, das sie einsammeln, vergeben sie als Kredit oder legen es am Kapitalmarkt an. Der wichtigste Unterschied: Nachhaltige Banken schließen dabei einige Geschäfte aus. Keines der untersuchten Institute verleiht Geld an Atomkraftwerksbetreiber, Kohlekonzerne und Firmen, die Kinderarbeit dulden. Auch Waffenproduzenten sind für sie weitgehend tabu.

Genau Hinschauen und Abgleichen mit den eigenen Ansprüchen ist bei der Wahl der passenden nachhaltigen Bank im Übrigen genauso Pflicht wie bei der Fondsauswahl. Denn die Kriterien und die Strenge unterscheiden sich teils deutlich: So schließen einige Banken Erdöl und Erdgas nicht komplett von der Finanzierung aus. Ebenso wenig steht die industrielle Tierhaltung überall auf dem Index. Einige Institute dürfen Anleihen von Staaten kaufen, die noch keine Ausstiegspläne für Atomkraft haben. Andere haben keinen expliziten Ausschluss für Streumunition und hohe Militärausgaben formuliert.

Dennoch muss es nicht sein, dass solche Papiere in den Bankenportfolios landen: Mitunter sind kontroverse Praktiken auch außen vor, wenn die Banken strenge Positivkriterien anlegen und Anleihen aus diesem Grund nicht kaufen. Die strengsten Ausschlusskriterien bei der Kreditvergabe und beim Kauf von Unternehmensanleihen beachten derzeit die Steyler Bank, die Triodos Bank und die Umweltbank.

Zu den Ausschlüssen kommen – auch hier ähnlich wie bei den nachhaltigen Fonds – in der Regel noch positive Auswahlkriterien. Diese spielen bei der Kreditvergabe oft die überragende Rolle: Nachhaltige Banken unterstützen nämlich häufig gezielt ökologische oder soziale Projekte. GLS Bank und Triodos Bank finanzieren etwa Biobauernhöfe, die Kirchenbanken vergeben Kredite an kirchliche Einrichtungen, Procredit fördert die wirtschaftliche Entwicklung in Süd- und Osteuropa. Einige Institute haben zudem eigene nachhaltige Fonds aufgelegt, auf die sie diese Ideen und Konzepte übertragen – von einigen dieser Fonds war im Kapitel 5 bereits die Rede, denn sie zählen zu den besten ihres Fachs.

Manche Banken sammeln auch noch Spenden ein – wie die Steyler Bank, bei der Anlegerinnen und Anleger Geld an die Steyler Mission spenden können. Die Evangelische Bank sammelt beim Girokonto EB-Lebenswert monatlich 50 Cent für Hilfsprojekte ein. Spenden sind auch Teil der Geschäftsidee der Bank Tomorrow: Beim „Rounding Up" können Kunden und Kundinnen hier ihre per Kreditkarte bezahlten Beträge aufrunden. Die Restsumme kommt dann einem Klimaprojekt zugute.

Dunkelgrüne Depots

Bei fast allen nachhaltigen Banken lässt sich auch ein Wertpapierdepot einrichten, allerdings sind diese Depots nicht überall gleich leistungsfähig. Beispiel: GLS, Triodos und Tomorrow bieten keine ETF-Sparpläne an, mit Ausnahme der GLS kann man dort sogar keinerlei ETF über die Börse kaufen. Die nachhaltigen Banken verkaufen grundsätzlich offenbar lieber ihre selbst aufgelegten aktiv gemanagten nachhaltigen Aktienfonds, wie etwa den GLS Bank Aktienfonds, den Steyler Fair Invest Equities, den Triodos Global Equities Impact, den Tomorrow Better Future Stocks oder den EB-Öko-Aktienfonds der Evangelischen Bank.

In das Depot bei der Umweltbank dürfen nur Wertpapiere, die in ihren Augen streng nachhaltig sind. Wer mit seinem Depot hierher umziehen will, muss also unpassende Papiere zwingend verkaufen. Bloß ein Dutzend Aktien- und Mischfonds sind im Angebot, beispielsweise der von uns mit drei von fünf Nachhaltigkeitspunkten bewertete Swisscanto Equity Sustainable oder auch der hauseigene UmweltSpektrum Mix, dessen Nachhaltigkeit wir bisher nicht bewertet haben.

Bei der Ethikbank, der Raiffeisenbank Bidingen und den meisten Kirchenbanken können Anlegerinnen und Anleger dagegen problemlos auf ein breites Angebot von ETF und anderen Wertpapieren zugreifen. Die KD Bank bietet zudem einen eigenen Nachhaltigkeits-Check fürs Depot an, ähnlich wie die Steyler Bank, wo das Angebot Ethik-Check heißt. Die Ratschläge sind unverbindlich, aber ein netter Service zur Abrundung des dunkelgrünen Angebots.

Achtung: Giftgrün!

Der Boom der grünen Geldanlage zieht auch zwielichtige Geschäftemacher an. Vor allem geschlossene Fondsmodelle entpuppen sich in der Regel als riskant und ungeeignet für Kleinanleger. Finger weg von diesen Angeboten.

Anlegerinnen und Anleger geschlossener Fonds des Anbieters Thomas-Lloyd brauchten zuletzt eine Menge Geduld. So wurden Jahresabschlüsse für das Jahr 2020 der Dritten und der Fünften Cleantech Infrastrukturgesellschaft mbH & Co. KG, die auch auf die klingenden Fondsnamen CTI 8/CTI 5 D und CTI 15/CTI 9 D hören, erst im September 2022 veröffentlicht. Für die Thomas-Lloyd Cleantech Infrastructure Holding GmbH (TLCIH), an der beide Gesellschaften eine stille Beteiligung halten, gilt das Gleiche. Die Unternehmensgruppe hat sich nach eigenen Angaben auf nachhaltige Infrastrukturprojekte spezialisiert, unter anderem Kraftwerke für Biomasse und Sonnenenergie in Asien. Die Investments der Fonds bündelte die TLCIH. Und die wiederum musste für das Jahr 2020 einen Verlust und ein negatives Eigenkapital in Höhe von 132,1 Millionen Euro melden.

Der enorme Betrag kam zustande, weil die Holding den Wert der Beteiligungen an den Kraftwerken in Asien komplett abschreiben musste. Die beiden Fondsgesellschaften verbuchten daraus folgend ebenfalls ein dickes Minus, die Unternehmensanteile haben deutlich an Wert verloren. Investorinnen und Investoren stehen nun – über die geleisteten Ausschüttungen von knapp 30 Prozent hinaus – nur noch etwa 37 Prozent ihres eingezahlten Geldes zu. Die Schweizer Mutter Thomas-Lloyd Global Asset Management begründet die Schwierigkeiten mit dem Verweis auf stark schwankende Wechselkurse und niedrigere Buchwerte infolge der Corona-Pandemie. Ob es gelingen wird, die Verluste der Anleger wieder auszugleichen, ist sehr unsicher.

Der Fall führt ins Herz einer Finanzszene, die Kleinanleger immer wieder in hoch riskante Beteiligungsmodelle lockt, mit höchst unsicheren Renditeaussichten, aber enorm hohen Prognosen. Im Modell klingen gerade die inzwischen äußerst populären Projekte rund um grüne Energie immer ganz besonders großartig. In der Realität erweisen sich die Kalkulationen dann aber oft genug als übertrieben optimistisch. Oder externe Faktoren machen den Plänen einen Strich durch die Rechnung. Und dann drohen hohe Verluste bis zum Totalverlust – und teilweise verlangen die Statuten zwischenzeitlich sogar Nachschüsse.

Denn sogenannte geschlossene Fonds haben trotz des ähnlichen Namens nicht allzu viel mit Investmentfonds zu tun. Im Gegenteil handelt es sich dabei um direkte Unternehmensbeteiligungen. Und diese sind per se äußerst riskant. Das geht schon los bei der Geldanlage: Die ist in der Regel nur innerhalb einer speziellen Zeichnungsfrist möglich, danach „schließt" der Fonds dann, und es gibt für mehrere Jahre kein regelhaftes Rein und Raus mehr. Vielmehr fließt nun das eingesammelte Kapital in ein bestimmtes Anlageobjekt, beispielsweise einen Wind- oder Solarpark. Von dort fließen dann die in Aussicht gestellten Erträge zurück – und erst ganz am Ende der Investitionszeit gibt es dann auch die Einlage wieder.

Nach ganz ähnlichem Modell funktionieren auch Genussrechte, nachrangige Darlehen oder etwa Bürgerwindparks. Die dahinterliegenden Gesellschaftskonstruktionen sind schon kompliziert genug, die Verkaufsprospekte häufig für Laien kaum zu durchdringen, Jahresabschlüsse zwar Pflicht, jedoch längst nicht immer pünktlich da, obwohl es erst damit möglich ist, zum Beispiel die Güte von Prognoserechnungen zu überprüfen. Und dann steckt hinter so einem Angebot in der Regel auch noch ein einziges Objekt – was per se ein Klumpenrisiko darstellt, das niemand eingehen sollte, der sich etwas ausführlicher mit Portfoliostrategien beschäftigt hat (siehe Kapitel 4).

Aus all diesen Gründen zählen viele Anbieter solcher Beteiligungsmodelle zu den Firmen und Finanzprodukten, von denen Anlegerinnen und Anleger in jedem Fall besser die Finger lassen sollten. In einer regelmäßig aktualisierten Warnliste erfasst die Stiftung Warentest solche Anbieter von Unternehmensbeteiligungen, geschlossenen Fonds sowie sogenannten Alternativen Investmentfonds. Die Gründe, die zur Aufnahme in die Warnliste führten, sind jeweils miterfasst, die Liste steht im Internet und ist dort stets auf aktuellem Stand verfügbar. Mit der Deutschen Grünstrom-Invest findet sich dort neben Thomas-Lloyd ein weiterer dubioser Erneuerbare-Energien-Investor.

?!

Service

144 → Nachhaltige Aktienfonds
150 → Nachhaltige Rentenfonds
154 → Fachbegriffe erklärt
157 → Stichwortverzeichnis
160 → Impressum

Nachhaltige Aktienfonds

Die Tabellen bieten eine Übersicht über die besten nachhaltigen Fonds und ETF der Gruppen Aktien Welt, Europa, Schwellenländer und Deutschland und darüber, bei welchen Banken und Brokern sie erhältlich sind. Siehe die Fußnoten. Legende und Fußnoten finden Sie auf Seite 148/149.

Fonds Anbieter	Fondsname (bei aktiven Fonds) oder nachgebildeter Index (bei ETF)			Isin	Kosten (%)
Aktien Welt					
Aktiv gemanagte Fonds mit hoher Nachhaltigkeit und stabilem Anlageerfolg					
Bridge	Green Effects NAI-Werte	Ⓣ	1)	IE0005895655	1,17
Ampega	terrAssisi Aktien	Ⓐ	1)2)3)4)5)	DE0009847343	1,36
Erste	Responsible Stock Global	Ⓣ	1)3)5)	AT0000646799	1,70
Nachhaltige, aktiv gemanagte Fonds					
Security	Superior 6 Global Challenges	Ⓣ	1)	AT0000A0AA78	1,66
IPConcept	Prima Global Challenges	Ⓐ	1)2)5)	LU0254565566	1,69
Ökoworld	ÖkoVision Classic	Ⓣ	1)2)3)4)5)6)7)	LU0061928585	2,12
Universal	GLS Bank Aktienfonds	Ⓐ	1)2)3)5)	DE000A1W2CK8	1,40
Triodos	Global Equities Impact	Ⓣ	1)3)	LU0278271951	1,65
Kepler	Ethik Aktienfonds	Ⓣ	1)3)5)	AT0000675665	1,69
Kepler	Ethik Quality Aktien	Ⓣ	3)	AT0000722657	1,60
Erste	Ethik Aktien Global	Ⓐ	3)8)	AT0000A21B05	1,78
IFM Acatis	Fair Value Aktien Global	Ⓐ	1)3)5)6)	LI0017502381	2,04
Security	Superior 4 Ethik Aktien	Ⓣ	9)	AT0000A07HU3	1,60
Erste	Responsible Stock Dividend	Ⓣ	3)5)	AT0000A1QA79	1,36
Masterinvest	Kathrein Sustainable Global Equity	Ⓣ		AT0000A0V6K5	0,66
Janus Henderson	Global Sustainable Equity	Ⓣ		LU1984711603	1,07
Swisscanto	Equity Sustainable	Ⓣ	1)2)3)5)	LU0136171559	1,96
CT	Responsible Global Equity	Ⓐ	3)	LU0382360757	1,79
3 Banken	Nachhaltigkeitsfonds	Ⓣ	1)3)	AT0000701156	1,66
3 Banken	Dividenden-Aktienstrategie	Ⓐ	3)	AT0000A0XHJ8	1,66
Gutmann	Aktien Nachhaltigkeit	Ⓣ	1)	AT0000A15M75	1,80
Raiffeisen	I-AM GreenStars Global Equities	Ⓣ	3)5)8)	AT0000A12GA7	1,12
Universal	Bethmann Aktien Nachhaltigkeit	Ⓐ		DE000DWS18K6	1,50
Hermes	Impact Opportunities Equity	Ⓣ	5)	IE00BG5KR946	1,63
Deka	Portf. Nachhaltigkeit Gl. Aktien	Ⓐ	1)2)	LU0133819333	1,50
First Sentier	Stewart Investors Worldwide Leaders Sustainability	Ⓣ	4)	IE0008368304	1,30
First Sentier	Stewart Investors Worldwide Sustainability	Ⓣ	5)	IE00BFY85982	1,36

	Anlageerfolg	Nachhaltigkeit	Prozent	Ausschluss von ... Fossile Energie	Atomkraft	Umweltzerstörung	Kontroverse Waffen	Konventionelle Waffen	Verletzung Arbeits-/Menschenrechte	Korruption	Tabak
	●●●○○	●●●●●	97	■	■	■	■	■	■	■	◪
	●●●○○	●●●●●	90	■	■	■	■	■	■	■	◪
	●●●○○	●●●●○	84	■	■	■	■	■	■	■	◪
	●○○○○	●●●●●	96	■	■	■	■	■	■	■	■
	●○○○○	●●●●●	96	■	■	■	■	■	■	■	■
	●○○○○	●●●●●	96	■	■	■	■	■	■	■	◪
	●○○○○	●●●●●	95	■	■	■	■	■	■	■	■
	●●○○○	●●●●●	92	■	■	■	■	■	■	■	◪
	●●●○○	●●●●○	89	■	■	■	■	■	■	■	■
	●○○○○	●●●●○	89	■	■	■	■	■	■	■	■
	●●●○○	●●●●○	87	■	■	■	■	■	■	■	◪
	●○○○○	●●●●○	86	■	■	■	■	■	■	■	◪
	●●○○○	●●●●○	84	■	■	■	■	■	◪	■	◪
	●○○○○	●●●●○	84	■	■	■	■	■	■	■	◪
	●●●●○	●●●○○	75	■	■	■	■	■	■	■	◪
	●●●●○	●●●○○	74	■	■	◪	◪	■	◪	◪	◪
	●●●●○	●●●○○	73	■	■	◪	■	■	◪	◪	◪
	●●○○○	●●●○○	73	■	■	■	■	■	■	■	◪
	●●●○○	●●●○○	72	■	■	◪	◪	■	◪	◪	◪
	●●●○○	●●●○○	72	■	■	◪	◪	■	◪	◪	◪
	●●●○○	●●●○○	71	■	■	◪	■	■	◪	◪	◪
	●●○○○	●●●○○	71	■	■	◪	■	■	◪	◪	◪
	●●○○○	●●●○○	71	◪	◪	■	■	◪	■	■	■
	●○○○○	●●●○○	69	◪	◪	■	■	■	■	■	■
	●○○○○	●●●○○	66	■	■	◪	■	■	■	■	❑
	●●●○○	●●●○○	65	■	■	❑	■	■	◪	◪	■
	●○○○○	●●●○○	65	■	■	❑	■	■	◪	◪	■

Fonds Anbieter	Fondsname (bei aktiven Fonds) oder nachgebildeter Index (bei ETF)			Isin	Kosten (%)
Aktien Welt					
Nachhaltige ETF und Indexfonds					
Bantleon	Global Challenges Index	Ⓐ	1)2)3)5)	DE000A1T7561	1,25
Invesco	Quantitative Strategies ESG Global Equity Multi-Factor	Ⓣ	3)4)5)7)	IE00BJQRDN15	0,30
BNP Easy	MSCI World SRI S-Series PAB 5 % Capped	Ⓣ		LU1291108642	0,26
Amundi	MSCI World SRI Filtered PAB	Ⓣ	1)2)3)4)5)7)	IE000Y77LGG9	0,18
Amundi	MSCI ACWI SRI Filtered PAB	Ⓣ	1)2)3)4)5)7)8)12)	IE0000ZVYDH0	0,20
Invesco	MSCI World ESG Climate Paris Aligned Benchmark Select	Ⓣ	3)4)5)8)	IE000V93BNU0	0,19
UBS	MSCI World SRI Low Carbon Select 5 % Issuer Capped	Ⓐ	1)2)3)4)5)7)	LU0629459743	0,20
UBS	MSCI ACWI SRI Low Carbon Select 5 % Issuer Capped	Ⓣ	3)4)5)12)	IE00BDR55471	0,30
iShares	MSCI World SRI Select Reduced Fossil Fuels	Ⓣ	1)3)4)7)	IE00BYX2JD69	0,20
iShares	MSCI ACWI SRI Select Reduced Fossil Fuel	Ⓣ	3)7)8)12)	IE000JTPK610	0,20
Xtrackers	MSCI World Low Carbon SRI Leaders	Ⓣ	1)2)3)4)5)7)	IE00BZ02LR44	0,20
Aktien Europa					
Aktiv gemanagte Fonds mit hoher Nachhaltigkeit und stabilem Anlageerfolg					
LBBW	Nachhaltigkeit Aktien	Ⓐ	1)2)6)	DE000A0JM0Q6	1,05
Erste	Responsible Stock Europe	Ⓣ	3)5)	AT0000645973	1,71
Union	Liga-Pax-Aktien-Union	Ⓐ	2)14)	DE0009750216	1,40
Nachhaltige, aktiv gemanagte Fonds					
Fondita	Sustainable Europe	Ⓣ	3)5)	FI4000024492	2,00
Echiquier	Positive Impact Europe	Ⓣ	2)4)5)7)9)	FR0010863688	1,81
Deka	Nachhaltigkeit Dividenden RheinEdition	Ⓐ	1)	DE000DK0EF98	1,40
Pictet	Quest Europe Sustainable Equities	Ⓣ	1)2)3)4)5)	LU0144509717	1,17
Deka	Hamburger Nachhaltigkeitsfonds Best in Progress	Ⓐ	8)	DE000DK0LMD8	0,80
Nachhaltige ETF					
BNP Easy	Low Carbon 100 Europe PAB	Ⓣ	1)3)4)5)	LU1377382368	0,31
BNP Easy	MSCI Europe SRI S-Series PAB 5 % Capped	Ⓣ	3)4)5)	LU1753045332	0,25
Amundi	MSCI Europe SRI Filtered PAB	Ⓣ	1)2)3)4)5)7)	LU1861137484	0,18
UBS	MSCI Europe SRI Low Carbon Select 5 % Issuer Capped	Ⓣ	3)4)5)	LU2206597804	0,20
Invesco	MSCI Europe ESG Climate Paris Aligned Benchmark Select	Ⓣ	3)4)8)	IE000TI21P14	0,16
iShares	MSCI Europe SRI Select Reduced Fossil Fuels	Ⓣ	1)2)3)4)5)7)	IE00B52VJ196	0,20
Xtrackers	MSCI Europe Low Carbon SRI Leaders	Ⓣ	1)2)3)4)5)7)	IE00BFMNHK08	0,20
Invesco	MSCI Europe Select Catholic Principles ESG Leaders 10/40	Ⓐ	1)3)4)7)8)	IE00BG0NY640	0,30

	Anlageerfolg	Nachhaltigkeit		Ausschluss von ...							
			Prozent	Fossile Energie	Atomkraft	Umweltzerstörung	Kontroverse Waffen	Konventionelle Waffen	Verletzung Arbeits-/Menschenrechte	Korruption	Tabak
	●○○○○	●●●●●	98	■	■	■	■	■	■	■	■
	●●●●○	●●●●○	81	■	■	■	■	■	■	■	◪
	1. Wahl [10]	●●●○○	72	■	■	◪	■	■	◪	◪	■
	1. Wahl [11]	●●●○○	69	■	■	◪	■	◪	◪	◪	■
	1. Wahl [11]	●●●○○	69	■	■	◪	■	◪	◪	◪	■
	1. Wahl [11]	●●●○○	63	■	■	◪	■	■	◪	◪	■
	1. Wahl [10]	●●●○○ [13]	62	■	◪	◪	■	◪	◪	◪	■
	1. Wahl [10][11]	●●●○○ [13]	62	■	◪	◪	■	◪	◪	◪	■
	1. Wahl [10]	●●●○○	60	◪	◪	◪	■	◪	◪	◪	■
	1. Wahl [11]	●●●○○	60	◪	◪	◪	■	◪	◪	◪	■
	1. Wahl [10]	●●○○○ [13]	59	■	◪	■	■	■	◪	◪	■
	●●●●○	●●●●○	81	■	■	■	■	■	■	■	■
	●●●●○	●●●●○	81	■	■	■	■	■	■	■	◪
	●●●●○	●●●●○	80	■	■	■	■	■	■	■	◪
	●●○○○	●●●●○	81	■	■	■	◪	■	■	■	◪
	●●●○○	●●●○○	73	■	■	◪	■	■	◪	◪	◪
	●●○○○	●●●○○	67	■	■	◪	■	■	■	■	□
	●●●●○	●●●○○	63	■	■	■	■	■	■	■	◪
	●●○○○	●●●○○	60	■	■	□	■	■	◪	◪	■
	●●●○○	●●●○○	73	■	■	◪	■	■	■	■	◪
	1. Wahl [10]	●●●○○	72	■	■	◪	■	■	◪	◪	■
	1. Wahl [10]	●●●○○	69	■	■	◪	■	◪	◪	◪	■
	1. Wahl [11]	●●●○○ [13]	62	■	◪	◪	■	◪	◪	◪	■
	1. Wahl [11]	●●●○○	61	■	■	◪	■	■	◪	◪	■
	1. Wahl [10]	●●●○○	60	◪	◪	◪	■	◪	◪	◪	■
	1. Wahl [10]	●●○○○ [13]	59	■	◪	■	■	■	◪	◪	■
	1. Wahl	●●○○○	53	□	◪	◪	■	■	◪	◪	■

Fonds Anbieter	Fondsname (bei aktiven Fonds) oder nachgebildeter Index (bei ETF)			Isin	Kosten (%)
Aktien Schwellenländer					
Nachhaltige, aktiv gemanagte Fonds					
Ökoworld	Growing Markets 2.0	Ⓣ	1)2)3)4)5)6)7)	LU0800346016	2,21
Swisscanto	Equity Sustainable EM	Ⓣ	1)2)3)4)5)	LU0338548034	2,06
First Sentier	Stewart Investors Global EM Leaders	Ⓣ	1)5)8)	IE00BFY84Y60	1,45
Carmignac	Emergents	Ⓐ	3)4)5)6)	FR0011269349	1,50
Nachhaltige ETF					
Amundi	MSCI EM SRI Filtered PAB	Ⓣ	1)2)3)4)5)7)	LU1861138961	0,25
Invesco	MSCI Emerging Markets ESG Climate Paris Aligned Benchmark Select	Ⓣ	3)4)	IE000PJL7R74	0,19
UBS	MSCI EM SRI Low Carbon Select 5 % Issuer Capped	Ⓣ	1)2)3)4)5)	LU1048313974	0,30
iShares	MSCI EM SRI Select Reduced Fossil Fuels	Ⓣ	1)3)4)5)7)	IE00BYVJRP78	0,25
Xtrackers	MSCI EM Low Carbon SRI Leaders	Ⓣ	1)2)3)4)5)7)	IE00BG370F43	0,25
Aktien Deutschland					
Nachhaltige, aktiv gemanagte Fonds					
Acatis	Fair Value Deutschland	Ⓣ	1)2)3)4)5)6)	LU0158903558	2,40
Nachhaltige ETF					
iShares	Dax ESG Target	Ⓣ	1)2)3)4)5)7)	DE000A0Q4R69	0,12
Amundi	Dax 50 ESG	Ⓐ	1)2)3)4)5)7)	DE000ETF9090	0,15

Reihenfolge nach Nachhaltigkeit, Anlageerfolg, Kosten und Alphabet.
Ⓣ = Thesaurierender Fonds.
Ⓐ = Ausschüttender Fonds.
■ = Ja. ❑ = Nein. ◪ = Eingeschränkt.

Finanztest-Bewertung der Nachhaltigkeit
(Grad der Nachhaltigkeit)
●●●●● = Sehr hoch.
●●●●○ = Hoch.
●●●○○ = Mittel.
●●○○○ = Niedrig.
●○○○○ = Sehr niedrig.

Finanztest-Bewertung des Anlageerfolgs
1. Wahl = Dauerhaft gut.
●●●●● = Sehr gut.
●●●●○ = Gut.
●●●○○ = Mittelmäßig.
●●○○○ = Schlecht.
●○○○○ = Sehr schlecht.

In der Tabelle abgedruckt sind nur Fonds mit Bewertung des Anlageerfolgs, 1.-Wahl-ETF mit mindestens 2 Nachhaltigkeits- sowie andere ETF und aktive Fonds mit mindestens 3 Nachhaltigkeitspunkten. In der Gruppe „Nachhaltige, aktiv gemanagte Fonds Welt" musste der Fonds bei der Nachhaltigkeit mindestens 65 Prozent erreicht haben.
Die ausführlichen Ergebnisse aller untersuchten Fonds und ETF finden Sie unter test.de/fonds (mit Flatrate kostenlos).

	Anlageerfolg	Nachhaltigkeit	Prozent	Ausschluss von ... Fossile Energie	Atomkraft	Umweltzerstörung	Kontroverse Waffen	Konventionelle Waffen	Verletzung Arbeits-/Menschenrechte	Korruption	Tabak
	●●●●○	●●●●○	89	■	■	■	■	■	■	■	◪
	●●●●○	●●●○○	73	■	■	◪	■	■	◪	◪	◪
	●●●○○	●●●○○	65	■	■	□	■	■	◪	◪	■
	●●●●○	●●●○○	63	■	□	□	◪	■	◪	◪	■
	1.Wahl 10)	●●●○○	70	■	■	◪	■	◪	◪	◪	■
	1.Wahl 11)	●●●○○	67	■	■	◪	■	■	◪	◪	■
	1.Wahl 10)	●●●○○ 13)	62	■	◪	◪	■	◪	◪	◪	■
	1.Wahl 11)	●●●○○	60	◪	◪	◪	■	◪	◪	◪	■
	1.Wahl 10)11)	●●○○○ 13)	59	■	◪	■	■	■	◪	◪	■
	●●●○○	●●●●○	82	■	■	■	■	■	■	■	◪
	1.Wahl 11)	●●○○○	51	◪	■	□	■	◪	◪	◪	■
	1.Wahl 11)	●●○○○	48	◪	■	□	■	◪	◪	◪	■

1) Als Sparplan erhältlich bei S Broker.
2) Anlage von vermögenswirksamen Leistungen möglich laut FWW oder FNZ Bank.
3) Als Sparplan erhältlich bei Comdirect.
4) Als Sparplan erhältlich bei Consorsbank.
5) Als Sparplan erhältlich bei FNZ Bank.
6) Erhebt zusätzlich eine erfolgsabhängige Gebühr.
7) Als Sparplan erhältlich bei ING.
8) Zum Jahreswechsel lag das Fondsvolumen unter 50 Mio. Euro.
9) Kein Handel über uns bekannte Online-Broker und Online-Banken möglich.
10) Indexwechsel innerhalb der jüngsten fünf Jahre.
11) Keine Angabe von Kennzahlen über fünf Jahre möglich, da der Fonds nicht über eine ausreichend lange Kurshistorie verfügt.
12) Nachgebildeter Index enthält auch Aktien aus Schwellenländern.
13) Anbieter hat die Angaben zur Nachhaltigkeit nicht bestätigt.
14) Vertrieb hauptsächlich über: LIGA Bank eG, Regensburg und Pax-Bank eG, Köln.

Quellen: FWW, LSEG, Börsen (Frankfurt, Berlin, Düsseldorf, Hamburg-Hannover, München, Stuttgart, Tradegate), Comdirect, Consorsbank, FNZ Bank, ING, Lang & Schwarz, Maxblue, S Broker, eigene Erhebungen und Berechnungen

Vorab-Screening: 31. Mai 2024
Bewertungszeitraum: 5 Jahre
Stand: 31. Juli 2024

Nachhaltige Rentenfonds

Die Tabellen bieten eine Übersicht über die besten nachhaltigen Rentenfonds und -ETF aus unserem Test und darüber, bei welchen Banken und Brokern sie erhältlich sind. Siehe die Fußnoten. Legende und Fußnoten finden Sie auf Seite 152/153.

Fonds – Anbieter	Fondsname (bei aktiven Fonds) bzw. nachgebildeter Index (bei ETF)		Isin	Kosten (Prozent)	Anlageerfolg ✚
Staatsanleihen Deutschland					
Staatsanleihen Deutschland – ETF					
Deka	Deutsche Börse Eurogov Germany	Ⓐ 2)3)5)	DE000ETFL177	0,20	1. Wahl
iShares	Bloomberg Germany Treasury	Ⓐ 1)2)3)4)5)	IE00B5V94313	0,20	1. Wahl
iShares	eb.rexx Government Germany	Ⓐ 1)2)3)4)5)	DE0006289465	0,16	1. Wahl
Xtrackers	Markit iBoxx EUR Germany	Ⓣ 1)2)3)4)5)	LU0643975161	0,16	1. Wahl
Euro-Staatsanleihen					
Euro-Staatsanleihen – Nachhaltige ETF					
BNP Easy	JPM ESG EMU Government Bond IG	Ⓣ 1)2)5)	LU1481202692	0,15	1. Wahl 7)
Xtrackers	FTSE ESG Select EMU Government Bond	Ⓣ 1)2)5)	LU2468423459	0,15	1. Wahl 8)
Xtrackers	iBoxx EUR Sovereigns ESG Tilted	Ⓐ 5)	LU2504537445	0,12	1. Wahl 8)
iShares	FTSE Advanced Climate Risk-Adjusted EMU Government	Ⓣ 1)2)3)4)	IE00BLDGH553	0,09	1. Wahl 8)
Amundi	Bloomberg Euro Treasury Green Bond Tilted	Ⓣ 1)2)3)4)5)9)	LU1681046261	0,14	●●●●○ 7)
Euro-Staatsanleihen – Nachhaltige, aktiv gemanagte Fonds					
Amundi	Öko Sozial Euro Government Bond	Ⓣ 1)3)	AT0000671896	0,70	●●●●○
Franklin	Euro Government Bond	Ⓐ 1)3)	LU0093669546	0,80	●●●●○
BNP	Euro Government Bond	Ⓣ 1)3)	LU0111548326	1,08	●●●○○
Eurizon	Epsilon Euro Bond	Ⓣ 10)	LU0367640660	1,07	●●●●○
DPAM	Bonds EUR	Ⓣ 1)	BE6246046229	0,32	●●●●○
DPAM	Bonds EUR IG	Ⓣ	BE6246071474	0,34	●●●●○
Axa	Euro Government Bonds	Ⓣ	LU0482269064	1,00	●●●●○

	Nachhaltigkeit		ESG-Score (Prozent)			Staatsanleihen: Ausschluss von ...				
		Prozent	Umwelt-belange	Soziales	Staats-führung	Klima- und Umwelt-zerstörung	Atomkraft	Verstößen gegen Demokratie und Menschenrechte	Korruption	hohem Militär-budget
	●●●●○	81	79	81	79	■	■	■	■	■
	●●●●○	81	79	81	79	■	■	■	■	■
	●●●●○	81	79	81	79	■	■	■	■	■
	●●●●○[6)]	81	79	81	79	■	■	■	■	■
	●●●○○	63	78	79	76	■	□	■	◪	◪
	●●●○○[6)]	61	78	80	78	■	□	■	◪	◪
	●●○○○[6)]	59	78	79	76	■	□	■	◪	◪
	●●○○○	58	78	79	76	■	□	■	◪	◪
	●●○○○	53	78	79	76	■	□	■	◪	◪
	●●●○○	66	79	79	76	◪	◪	◪	□	■
	●●●○○	62	79	79	76	■	□	■	◪	◪
	●●●○○[6)]	60	78	79	76	■	□	■	◪	◪
	●●○○○	47	78	80	76	◪	□	□	□	□
	●●○○○	44	79	78	75	□	□	◪	□	□
	●●○○○	44	79	79	75	□	□	◪	□	□
	●●○○○	44	78	77	72	□	□	◪	□	□

Fonds Anbieter	Fondsname (bei aktiven Fonds) bzw. nachgebildeter Index (bei ETF)		Isin	Kosten (Prozent)	Anlageerfolg
Euro-Staats- und Unternehmensanleihen					
Euro-Staats- und Unternehmensanleihen – Nachhaltige ETF					
Franklin	Sustainable Euro Green Bond	Ⓣ 1)2)3)4)5)13)	IE00BHZRR253	0,18	●●●●○
Euro-Staats- und Unternehmensanleihen – Aktiv gemanagte Fonds mit hoher Nachhaltigkeit und stabilem Anlageerfolg					
Kepler	Ethik Rentenfonds	Ⓣ 1)3)	AT0000642632	0,53	●●●●○
Erste	Responsible Bond	Ⓣ 1)3)	AT0000686084	0,76	●●●○○
Euro-Staats- und Unternehmensanleihen – Nachhaltige, aktiv gemanagte Fonds					
Monega	Steyler Fair Invest Bonds	Ⓐ 1)3)	DE000A1WY1N9	1,10	●●●○○
Erste	Ethik Anleihen	Ⓣ 11)	AT0000822416	0,54	●●●○○
Triodos	Euro Bond Impact	Ⓐ 1)	LU0278272769	1,05	●●○○○
Gutmann	Euro Anleihen Nachhaltigkeit	Ⓣ	AT0000A15Q63	0,70	●●●○○
Union	Liga-Pax-Rent-Union	Ⓐ	DE0008491226	0,70	●●●●○
H&A HAL	Sustainable Mixed Euro Bonds	Ⓐ 12)	DE000A2JF675	0,14	●●●●○
Union	KCD-Union Nachhaltig Renten	Ⓐ	DE0005326524	1,00	●●●○○
BNP	Sustainable Euro Bond	Ⓣ 1)2)5)	LU0828230697	1,14	●●●○○
Axa	Euro Bonds	Ⓣ 3)	LU0072814717	0,99	●●●●○
Bantleon	Return	Ⓐ 3)5)9)	LU0430091412	0,60	●●○○○
DWS	ESG BKN-HR	Ⓣ	DE0008498171	0,18	●●●●○
Swisscanto	Bond Vision Responsible EUR	Ⓣ 1)3)9)	LU0161530794	1,00	●●●●○

Reihenfolge nach Nachhaltigkeit und Alphabet.
Ⓣ = Thesaurierender Fonds.
Ⓐ = Ausschüttender Fonds.
■ = Ja.
□ = Nein.
◪ = Eingeschränkt.

Finanztest-Bewertung des Anlageerfolgs
1. Wahl = Dauerhaft gut.
●●●●● = Sehr gut.
●●●●○ = Gut.
●●●○○ = Mittelmäßig.
●●○○○ = Schlecht.
●○○○○ = Sehr schlecht.

Finanztest-Bewertung der Nachhaltigkeit
(Grad der Nachhaltigkeit)
●●●●● = Sehr hoch.
●●●●○ = Hoch.
●●●○○ = Mittel.
●●○○○ = Niedrig.
●○○○○ = Sehr niedrig.

Erläuterung siehe:
test.de/nachhaltige-rentenfonds/methodik
Die ausführlichen Ergebnisse aller untersuchten Fonds und ETF finden Sie unter test.de/fonds (mit Flatrate kostenlos).

	Nachhaltigkeit		ESG-Score (Prozent)			Staatsanleihen: Ausschluss von ...				
		Prozent	Umweltbelange	Soziales	Staatsführung	Klima- und Umweltzerstörung	Atomkraft	Verstößen gegen Demokratie und Menschenrechte	Korruption	hohem Militärbudget
	●●○○○	53	78	79	77	◪	□	◪	◪	□
	●●●●○	85	79	77	73	■	■	◪	◪	■
	●●●●○	82	79	78	75	◪	◪	◪	■	■
	●●●●○	89	79	81	78	◪	■	■	■	■
	●●●●○	83	82	81	79	◪	◪	◪	■	■
	●●●○○	72	78	79	76	□	□	□	◪	◪
	●●●○○	70	79	78	76	◪	■	◪	◪	■
	●●●○○	66	80	77	72	◪	◪	◪	◪	■
	●●●○○	65	79	79	76	◪	■	■	◪	■
	●●●○○	61	79	79	75	◪	◪	◪	◪	■
	●●○○○	57	78	79	76	■	□	■	◪	◪
	●●○○○	46	78	79	75	□	□	◪	□	□
	●●○○○	45	79	80	77	■	□	■	◪	◪
	●○○○○	37	78	78	74	□	□	◪	□	□
	●○○○○	37	78	79	76	□	□	□	□	□

1) Als Sparplan erhältlich bei Comdirect.
2) Als Sparplan erhältlich bei Consorsbank.
3) Als Sparplan erhältlich bei FNZ Bank.
4) Als Sparplan erhältlich bei ING.
5) Als Sparplan erhältlich bei S Broker.
6) Fondsgesellschaft hat Angaben zur Nachhaltigkeit nicht bestätigt.
7) Indexwechsel innerhalb der jüngsten fünf Jahre.
8) Keine Angabe von Kennzahlen über fünf Jahre möglich, da der Fonds nicht über eine ausreichend lange Kurshistorie verfügt.
9) Anlage von vermögenswirksamen Leistungen möglich laut FWW oder FNZ Bank.
10) Erhebt zusätzlich eine erfolgsabhängige Gebühr.
11) Zum Jahreswechsel lag das Fondsvolumen unter 50 Mio. Euro.
12) Kein Handel über uns bekannte Onlinebroker und Onlinebanken.
13) Kein Indexfonds.

Quellen: FWW, LSEG, Börsen (Frankfurt, Berlin, Düsseldorf, Hamburg-Hannover, München, Stuttgart, Tradegate), Comdirect, Consorsbank, FNZ Bank, ING, Lang & Schwarz, Maxblue, S Broker, eigene Erhebungen und Berechnungen.

Stand Finanzdaten: 30. April 2024,
Bewertungszeitraum: 5 Jahre
Stand Nachhaltigkeitsbewertung: 31. März 2024
Stand Vorabscreening: 9. Februar 2024

Fachbegriffe erklärt

Aktienfonds. Investmentfonds, der ausschließlich in Aktien investiert.

Aktiv gemanagter Fonds. Investmentfonds, bei dem ein Fondsmanagement Papiere einer Region, Branche oder eines Themas auswählt, die sich besser entwickeln sollen als ein vergleichbarer Börsenindex.

Artikel 8/9. Vorschriften der EU-Offenlegungsverordnung mit ökologischen und sozialen Mindeststandards für hellgrüne (8) und dunkelgrüne (9) Fonds. Fonds, die diese Standards nicht erfüllen, heißen auch Artikel-6-Fonds.

Assets under Management (AUM). Gesamtvolumen an Kundengeldern in einem Fonds.

Ausschlusskriterien. Katalog an Branchen, Geschäftsfeldern und Praktiken, die generell nicht für ein Fondsportfolio infrage kommen. Auch bekannt als negatives Screening.

Best in Class/Best of Class. Methoden zur Auswahl der führenden Unternehmen einer Branche oder eines Marktes nach einem bestimmten Merkmal. Während bei Best in Class in die Klassenbesten einer bestimmten Kategorie investiert wird, kommen bei Best of Class nur Unternehmen in die Auswahl, die Mindestanforderungen erfüllen.

CO_2-neutral. Besagt, dass ein Akteur entweder keine Treibhausgase produziert oder diese vollständig kompensiert, also anderswo in selber Höhe wieder einspart („Netto-Null"). Heißt oft auch klimaneutral.

Corporate Social Responsibility (CSR). Oberbegriff für gesellschaftliche Verantwortung von Unternehmen.

Corporate Sustainability Reporting Directive (CSRD). EU-Richtlinie zur Nachhaltigkeitsberichterstattung, seit 2024 verpflichtend.

Divestment. Gegenteil von Investment. Konzept, durch Abziehen von Geld aus schmutzigen Investments die Nachhaltigkeit zu erhöhen.

Doppelte Wesentlichkeit (Double Materiality). Zentrales Konzept in der CSDR. Bedeutet, dass Unternehmen sowohl die Auswirkungen ihres Handelns auf Nachhaltigkeit berichten müssen als auch die Auswirkungen von Nachhaltigkeitsthemen wie dem Klimawandel auf ihr Geschäft.

Engagement. Nutzung von Stimmrechten oder Austausch mit dem Management mit dem Ziel, dass Unternehmen nachhaltiger handeln.

Environmental Social Governance (ESG). Üblicher Dreiklang für die Top-Nachhaltigkeitsfelder Umwelt, Soziales und Unternehmensführung.

EU-Offenlegungsverordnung (SFDR). Europäisches Gesetz mit Transparenzanforderungen für Finanzdienstleister.

European Sustainability Reporting Standards (ESRS). EU-weite Standards für Unternehmen bei der Erstellung von Nachhaltigkeitsberichten.

Exchange Traded Fund (ETF). Rein börsengehandelter Indexfonds ohne aktives Management, der die Wertentwicklung eines Index abbildet.

Greenwashing. Vorwurf irreführender Aussagen über Umweltschutz.

Impact Investing. Wirkungsorientiertes Investieren, bei dem es darum geht, eine messbare soziale oder ökologische Wirkung zu erzielen.

Index. Berechnet die Wertentwicklung eines Korbs von Wertpapieren an einer Börse. Dient als Vergleichsmaßstab für aktives Fondsmanagement und als Grundlage für ETF.

International Securities Identification Number (Isin). Internationaler Standard zur Identifikation von Wertpapieren über eine Nummer.

Liquidität. Fachbegriff für „flüssiges" Vermögen. Bezeichnet bei Investmentfonds in der Regel das nicht in Wertpapiere investierte Kapital.

Mischfonds. Investmentfonds, der sowohl in Aktien als auch Anleihen anlegen kann. Sogenannte Multi-Asset-Fonds können darüber hinaus alle möglichen Wertpapiere kaufen.

MSCI. US-Finanzdienstleister, Marktführer für Berechnung von Indizes.

Paris-Aligned Benchmark (PAB). EU-Fahrplan für Klimaneutralität bis 2050. Sieht einen Rückgang des CO_2-Ausstoßes von jährlich 7 % vor.

Principal Adverse Impacts (PAIs). Katalog mit 64 Indikatoren, die nachteilige Auswirkungen von Investitionsentscheidungen auf Nachhaltigkeit beschreiben sollen. Stehen in der EU-Offenlegungsverordnung.

Rendite. Prozentzahl zum Messen des Anlageerfolgs eines Fonds, wird oft jährlich berechnet.

Rentenfonds. Investmentfonds, der ausschließlich in Anleihen investiert, also in festverzinsliche Wertpapiere.

Socially Responsible Investment (SRI). Allgemeine Bezeichnung für eine Geldanlage, die über den finanziellen Erfolg hinaus auch sozial verantwortlich sein soll.

Sondervermögen. Beschreibt in einem Fonds verwaltetes Kapital, das von der Fondsgesellschaft getrennt angelegt und aufbewahrt wird Schützt Investments vollständig vor Insolvenz der Fondsgesellschaft.

Sustainable Development Goals (SDGs). Die 17 Nachhaltigkeitsziele der Vereinten Nationen, beschlossen im Jahr 2015.

Taxonomie. EU-Klassifikationssystem zur Beurteilung nachhaltiger Wirtschaftstätigkeit.

Total Expense Ratio (TER). Prozentzahl über laufende jährliche Fondskosten für Verwaltung, Gebühren, erfolgsabhängige Vergütung usw.

UN Global Compact. Weltweiter Pakt zwischen Unternehmen und der UN mit zehn Prinzipien für eine soziale und ökologische Globalisierung.

UN Principles for Responsible Investment (UN PRI). Prinzipien für verantwortliches Investieren. 2006 gegründete Investoreninitiative der Vereinten Nationen (UN) unter Beteiligung der Finanzinitiative des UN-Umweltprogramms UNEP und des UN Global Compact.

Volatilität. Maß für durchschnittliche Wertschwankungen. Je höher die Volatilität, desto höher das Risiko.

Stichwortverzeichnis

A

Abfrageverfahren, bürokratisches 15
Abwägungsentscheidung, persönliche 67
ACWI SRI 109
Aktien-ETF 18, 70, 89
– Europa 120, 146
– Schwellenländer 123,148
– Welt 104, 146
Aktienfonds 18, 75, 76, 144
– Deutschland 122, 148
– Europa 116, 119, 146
– Schwellenländer 123, 148
– Welt 91, 92, 95, 144
Aktienindizes 21
Anlagestrategie 66
–, individuelle 33, 65
Anlegertypus 69
Anleiheindizes 89
Anleihen 18 siehe auch Rentenfonds
– staatlicher Unternehmen (PAI) 15
Anpassung an Klimawandel 14
Artikel-6-Fonds 11
Artikel-8-Fonds 11, 13, 52, 127
Artikel-9-Fonds 11, 13, 39, 42, 52, 120, 123, 127
Auszahlplan, Pantoffel-Portfolio 68
Autoindustrie 7

B

Bantleon Global Challenges Index 96, 105
Basisportfolio, aktive Fonds 74
Beimischung, Depot 79
Benchmark 74
Beratungsgespräch 13, 15
Best-in-Class, ETF 86, 89
– Screening 37
– Themenfonds 42
Best-of-Class 37
Bewertungsraster, Finanztest 51
Big-5, Aktien-ETF-Anbieter 83
Börsenplätze, Fondskauf 134
Broker 131
Brundtland-Bericht 8
BVI (Verband der deutschen Fondsindustrie) 11, 25

C

Chance-Risiko-Zahl 71
Climate Action 100+ (CA100+) 27
Club of Rome 8
CO_2-Fußbadruck (PAI) 14
Core-Satellite-Prinzip 79
CSRD, Fondsinfo 12

D

Dax 50 ESG 22
Depot eröffnen 131
Depotaufbau, sicherer 77
Deutsche Börse Eurogov Germany 111
Deutscher Aktienindex (Dax) 17
Direktbank, Depot 132
Divestment 40
Dividende 19
Drei-Kategorien-Abfrage 13, 15

E

Elektroauto 7
ELTIF (Europäischer Langfristinvestmentfonds) 129
Energieintensität (PAI) 14
Energieversorger 35
Erbschaft, Pantoffel 68
ESG 8, 31, 33, 66, 86, 88
– Finanzprodukte 15
– Investments 10
– Kriterien 9
– Nachhaltigkeitsindex 21
– Rating, Dax 22
ESGenius 94
ESMA 47
ETF (Exchange Traded Funds) 17, 82
– 1. Wahl 104
– Aktien Europa 116
–, global anlegende 82
– kaufen 133
–, nachhaltige 21, 71
– Nachteile 38, 82, 86
– Pantoffel-Portfolio 70
– Renten-ETF, 1. Wahl 111
–, synthetische 52
EU-Offenlegungsverordnung 11, 13, 52

Euro-Rentenfonds 113
Euro-Staatsanleihen 112
EU-Taxonomie 14

F

Festgeldkonto 139
Finanzieller Erfolg 65
Finanztest, Analysemethodik
– Aktienfonds 5, 54
– Anleihe-/Rentenfonds 17, 59
Fonds 17, 31
–, aktiv gemanagte 17, 18, 73, 75, 82
– auf Bundeswertpapiere 111
–, ausschüttende 20
–, geschlossene 141
– Impact Aktienfonds 39, 67
– kaufen 133, 134
–, nachhaltige 21
– No-Gos 84
–, passive (ETF) 17
–, stabile, nachhaltige 73, 92, 116, 144
– Themenfonds 31, 41, 43
–, thesaurierende 20
–, umklassifizierte 13
Fondsalternativen 125
Fondsanbieter, Wohlverhalten 25
Fondsdepot 18
Fondsgesellschaft 18, 19
Fondsmanagement 33, 38
Fondsrating 51
Fondssparen, Vorteile 18
Freshfield-Report 10
Fünf-Punkte-Fonds 73

G

Gelassenheit 79
Geschäftemacher 141
Global Challenges Index (GCX) 95, 105
Global Sustainable Investment Alliance 10
GLS Bank 97
– Rentenfonds 112
Green Bond 47, 48, 89, 90
Greenwashing 46, 48, 49

I

Immobilienfonds 15, 25, 127
Impact-Aktienfonds 39
Impact-Fonds 39, 67
Index 17
Indexfonds siehe ETF
Investmentfonds (Fonds) 17, 31
Isin 60

K

Kauf, Börse 134
Klimafonds 31
Klimaschutz 14
Klimaziele setzen 8
Klumpenrisiko 67, 79
Kreislaufwirtschaft 14

L

Ländervergleich 62
Limit-Order 137
Liquidität 65, 67

M

MDax 22
Menschenrechte 14
Mischfonds, Auswahl 126
Monega Steyler Fair Invest Bonds 113
MSCI All Country World (ACWI) 107
MSCI Emerging Markets (EM) 22
MSCI USA ESG Screened 87
MSCI World ESG Screened Index 21, 22
MSCI World Index 21, 22
MSCI World SRI 21
MSCI World SRI 5 % Issuer Capped 71
MSCI, ESG-Screening 87
Multi-Asset-Fonds, Alternative 126

N

Nachhaltige Banken 138
Nachhaltige Goldanlage 8, 21, 31, 32, 66
– Immobilienfonds 127
– Rentenfonds 110
– Welt-ETF 104
Nachhaltigkeit 10
– Index 21
– Ländervergleich 63
Nachhaltigkeitspräferenzabfragepflicht 13
Nachhaltigkeitspunkte 73
Nachhaltigkeitsziele UN (SDG) Fondsanbieter 26
Natur-Aktien-Index (NAI) 92
Netto-Null-Emissionen 27
NGO-Lupe, Aktien-ETF 83
Normbasiertes Screening 35

O

Offene Immobilienfonds (OIF) 127
Offene Infrastruktur-Sondervermögen (OIS) 128, 129

Ökologische Geldanlage 14
Öko-Technologiefonds 31
Ordern, Fonds/ETF 136

P

PAB (Paris Aligned Benchmark) 107
Pantoffel-Portfolio 68
– Depot 76
– Rendite 71
– Risikotyp 70
– Sparplan 68
Passive Fonds 38 (siehe auch ETF)
– Themenfonds 43
Performance 20
Portfoliostrategie 66
Präferenzabfrage 13, 15
Principal Adverse Impacts (PAI) 14
Principles for Responsible Investment (PRI) 27
Proxy Voting, Fondsmanagement 38
Publikumsfonds 11

R

Radioaktive Abfälle (PAI) 14
Rendite 20, 65, 66, 67
Renditebaustein, Pantoffel-Portfolio 69, 71
Rendite-Profil 77
Renten-ETF (Sicherheitsbaustein) 70
Rentenfonds 19, 112, 150
– Rating 59
Risiko 67
Risikostreuung, Depot 78
Riskante Geschäftsmodelle 141

S

Schieflage, Aktien-ETF 87
Schieflage, Renten-ETF 89
Schutz Ökosysteme/Biodiversität 14
Schwellenländer 22
– Aktienfonds 123, 148
Sicherheit, Geldanlage 65
Sicherheitsbaustein, Pantoffel-Portfolio 59, 69, 70
Social Bond 90
Sonnenenergie, Fonds (OIS/ELTIF) 128
Sozialtaxonomie 14
Sparkonto 139
Sparplan einrichten 136
Sparplan, Pantoffel 68
Spread, Kaufpreis 135
Staatsanleihefonds 110
Staatsanleihen (PAI) 15
Stabile Aktienfonds 73, 76
– Europa 116, 146
– Welt 92, 144
Stabile Euro-Rentenfonds 112, 150
Strengevergleich 32
Streuung, Depot 78
Sustainable Finance Disclosure Regulation (SFDR) 11, 13
Swap 52, 90
Synthetische Replikation, ETF 90

T

Tages-/Festgeld 70
Tagesgeldkonto 139
Taxonomie-Verordnung 13, 14
TecDax 22
The Net Zero Asset Managers (NZAM) 28
Themenfonds 31, 41, 43
Treibhausgasemission 14

U

Umweltfonds 31
Umweltverschmutzung 14
UN Global Compact, Prinzipien 36
Unternehmen aussortieren 34
Unternehmensanleihen 112

V

Verwaltungsgebühren 82
Vier-Punkte-Fonds 73
Vorsichtige Strategie, Pantoffel-Portfolio 70

W

Waffenhersteller 35
Wasserqualität (PAI) 14
Weltaktienindex, ETF 82
Welt-Pantoffel 71, 72
Wertpapierdepot 139
Wertpapierkennnummer (WKN) 60
Windenergie, Fonds (OIS/ELTIF) 128
Wohlverhaltensrichtlinien, Fondsanbieter 25

Z

Zinsbaustein (Sicherheitsbaustein), Pantoffel-Portfolio 69

Olaf Wittrock ist Mitgründer und Partner der Wirtschaftsredaktion wortwert mit Sitz in Köln, Berlin und London. Er leitet die Finanzredaktion, berät Kundinnen und Kunden bei Social-Media-Projekten und hat den Newsletter „ESGreport: Das 5-Min-Briefing zur Nachhaltigkeit" mitentwickelt. Olaf Wittrock ist Absolvent der Kölner Journalistenschule und hat in den vergangenen 25 Jahren viele Blasen, Booms und Crashs medial begleitet, darunter auch den Aufstieg der grünen Geldanlage. Er hat mehrere Bücher zu Finanzthemen geschrieben, zuletzt für die Stiftung Warentest den Ratgeber „Geldanlage für Vorsichtige".

Die Stiftung Warentest wurde 1964 auf Beschluss des Deutschen Bundestages gegründet, um dem Verbraucher durch vergleichende Tests von Waren und Dienstleistungen eine unabhängige und objektive Unterstützung zu bieten. Mehr zu unserem Qualitätsanspruch und viele weitere Bücher finden Sie unter www.test.de.

100% Recyclingpapier · Mineralölfreie Druckfarben

Unser Umweltversprechen

Dieses Buch wurde unter Einhaltung hoher Umweltstandards nachhaltig und ressourcenschonend in Deutschland produziert.

www.blauer-engel.de/uz195
- ressourcenschonend und umweltfreundlich hergestellt
- emissionsarm gedruckt
- hauptsächlich aus Altpapier

MI6

Dieses Druckerzeugnis wurde mit dem Blauen Engel ausgezeichnet.

© 2024 Stiftung Warentest, Berlin
ISBN: 978-3-7471-0759-1

Stiftung Warentest
Lützowplatz 11–13, 10785 Berlin
www.test.de, email@stiftung-warentest.de
USt-IdNr.: DE136725570

Vorständin: Julia Bönisch
Weitere Mitglieder der Geschäftsleitung:
Dr. Holger Brackemann, Daniel Gläser,
Dr. Birger Venn-Hein
Programmleitung: Niclas Dewitz
Autor: Olaf Wittrock
Projektleitung: Ursula Rieth
Lektorat: Heike Plank
Fachliche Beratung: Karin Baur, Boštjan Krisper, Tom Krüger
Korrektorat: Christoph Nettersheim
Grafik, Satz: Christian Königsmann
Verlagsherstellung: Rita Brosius (Ltg.), Romy Alig, Susanne Beeh
Druck: Westermann Druck Zwickau GmbH